视觉学习力

——用视觉技术引领学习变革

郭 巍 李凤仪 郭 莹 著

金盾出版社

内 容 简 介

本书从视觉学习的基础工具入手，手把手地教会读者如何迈出知识视觉化的第一步。书中介绍了读者在工作生活中最常用到的 11 类视觉逻辑模型及 330 多个常用词汇的视觉词典，可以帮助读者在知识萃取及视觉化的道路上实现 0-1 的突破。书中还列举了一些作者将视觉催化与引导学习活动相结合的案例，并提供了学习场域打造的具体方法。本书可帮助读者快速掌握知识分享的操作方式，并借助视觉工具提升知识分享的效果。

图书在版编目（CIP）数据

视觉学习力：用视觉技术引领学习变革 / 郭巍，李凤仪，郭莹著 . -- 北京：金盾出版社，2025.1.
ISBN 978-7-5186-1847-7

I．G442

中国国家版本馆 CIP 数据核字第 202462X1W4 号

视觉学习力——用视觉技术引领学习变革
SHIJUE XUEXILI—YONG SHIJUE JISHU YINLING XUEXI BIANGE

郭　巍　李凤仪　郭莹　著

出版发行：金盾出版社	
地　　址：北京市丰台区晓月中路 29 号	开　本：710mm×1000mm　1/16
邮政编码：100165	印　张：17.5
电　　话：（010）68276683	字　数：253 千字
（010）68214039	版　次：2025 年 1 月第 1 版
印刷装订：北京天宇星印刷厂	印　次：2025 年 1 月第 1 次印刷
经　　销：新华书店	定　价：79.80 元

（凡购买金盾出版社的图书，如有缺页、倒页、脱页者，本社发行部负责调换）
版权所有　侵权必究

目 录

大巍姐的逆袭路　/001

第一章　视觉引领学习变革

第一节　目光点燃大脑　/004

第二节　图像降低学习难度　/008

第三节　视觉引发你未曾察觉的学习　/010

第四节　颜色的超凡影响力　/014

第五节　做个善用视觉的知识分享者　/018

小莹的烦恼　/035

第二章　视觉助你找到分享要点

第一节　用"看得见"的困境激发学习动机　/038

第二节　"看见"问题真因　/049

第三节　设定学习目标——可量化，更要可视化　/054

第四节　"一目了然"的学习内容拣选　/065

第五节　看得清才能校得准——结构化的学习纲要搭建　/071

大刘生气了　/078

第三章　用视觉之锤震撼学习神经

第一节　学习真的发生了吗？　/082

第二节　用视觉化的方式激发学习动机　/ 089

第三节　视觉助力知识移植和迁移转化　/ 095

第四节　视觉构建全局观　/ 102

李老师的秘诀　/ 113

第四章　别忘了，你才是最有价值的视觉工具

第一节　语言构建画面感　/ 116

第二节　善用肢体语言　/ 122

第三节　擅用视觉重器——PPT　/ 127

老张的困惑　/ 135

第五章　全方位的视觉化学习场域打造

第一节　高效学习，场域打造必不可少　/ 138

第二节　视觉化学习工具提升参与度　/ 143

第三节　不止于视觉——全方位场域打造　/ 151

小杰的进阶之路　/ 161

第六章　跃然纸上：无须培养画家，只求学习有效

第一节　视觉工具——不买贵的，只买对的　/ 164

第二节　视觉化从文字开始　/ 174

第三节　简单图像不简单　/ 181

第四节　色彩恐惧症如何配好色　/ 188

第五节　常用视觉元素及模板　/ 193

第六节　视觉全景图绘制　/ 269

大巍姐的逆袭路

　　大巍姐应该是我认识的众多人才发展负责人中，业务能力最全面的一位，她不只精于管理工作，还是集团内最受欢迎的内训讲师。我原本以为她会在职业赛道上始终以这种傲人姿态领跑，然而在最近和她的一次深入沟通中，她的一句"视觉催化不仅帮我打赢了学习者保卫战，也改变了我的生活"令我十分好奇。说实话，我很难理解，视觉，这种因为光线刺激眼睛引起的寻常感觉，是如何成为她的职业发展新战场的。

　　大巍姐看到我的惊奇与困惑，一点都不意外，她说："现在大家的手机不装几个知识App，都不好意思跟别人聊天。我们就不得不跟手机抢学习者。线下学习要想突出重围，靠口吐莲花的讲授已经没有胜算了。"作为一名资深的知识分享者，她说的话也正是我现在面临的困境，但并没能解决我对视觉的好奇。她接着说道："在一次学习活动中，我发现了隔壁座位的同学用图画笔记的方式来记录老师上课的内容，我被这篇笔记吸引了，逻辑清晰，便于记忆，形象有趣！好不容易盼到了下课，我就赶紧借过来看，问人家这是什么，她告诉我这是视觉笔记，**是利用视觉语言进行表达和记录的一种学习方式**。但其实，我当时只是觉得这份笔记很有趣、好看而已，好看又能有什么用呢？但令我惊喜的是，课后回顾学习内容时，我发现自己一行行记录的内容，在我脑袋里零七八碎，而那个同学用视觉笔记记录的内容却给我留下了深刻的印象。我瞬间就有了一种冲动，我也想学！"

"你是因为视觉能够帮助学习者更好地梳理和记忆信息而感兴趣的对吗？"

"是的！我第一时间就认为：这肯定能拯救我的课堂！但是这股劲儿很快又松了下来，因为我根本不会画画，既没基础又没天赋，到底该从何学起呢？我联系上那位做视觉笔记的同学，打听人家是不是美术科班出身，这一问，可把人家笑坏了，她说：'根本不需要美术基础，视觉语言是用来传达思想的，能把事情说明白最重要，上来就想要画得好看，是学习视觉学习技能的最大误区。'从那之后我就开始找各种机会去学习视觉相关的知识，我切实地感受到视觉学习中的乐趣和对过往学习效果的改善。所以，我也希望这种方式可以帮助更多的人学习。"

"那你是从什么时候开始应用在你的课程中的呢？"

"在我接触视觉并且开始练习的第三个月，恰巧公司聘请了一位老师讲领导力，因为老师没有带助教，我就自告奋勇，其实是想尝试一下传统学习和视觉的结合到底能不能有奇效。课程中，我用了四五种颜色且粗细不同的笔书写了课程中的重点知识海报，并把它贴在教室的四周。在课程结束后的效果评估访谈中，很多学习者居然对我画的那几张现在看来惨不忍睹的大字海报印象深刻，给予了不少好评。我没想到，视觉在教学上的一点点应用，就给学习效果带来了巨大的影响。"

看着我艳羡的目光，大巍姐笑得更灿烂了。

"从那以后，我就决定将所学到的视觉工具应用于教学之中，很快，我完成了人生中第一张视觉笔记，第一份视觉化课件，第一场利用视觉全景图、没有PPT的学习活动，后来还设计了更多的视觉化教学项目，还研发了视觉化的学习开发工具，并且帮助其他内训师利用视觉催化技术改造课程……。"

我想，大巍姐和视觉的故事，也将在你我的身上继续上演。

第一章

视觉引领学习变革

第一节
目光点燃大脑

图 1-1 课程欢迎海报

前面的两幅海报，你更喜欢哪一幅？相信大部分人会更喜欢第二幅，似乎我们的大脑会更喜欢图片和色彩。事实果真如此吗？

下面有几段关于视觉对大脑和学习的影响的描述，请根据你的经验作出判断吧。

判断题

1. 人们更相信自己看到的事实，而不是听说或仅从书本上看到的内容。（ ）
2. 图像信息比文字信息更容易被人们记住。（ ）
3. 注意力是有限的资源。（ ）
4. 红色的教室有利于激发学习者的思考兴趣。（ ）
5. 想要学好数学就要积极开发左脑。（ ）
6. 如果你没有打算学习，学习就不会发生。（ ）

是在纠结答案吗？没关系，先继续往下看，相信第一章的内容能让大家更充分地了解视觉给大脑和学习带来的真正影响。

美国心理学家艾伯特·梅拉比安教授在1971年曾经做过一个实验，实验形式是让被试者看给定的几种表达情绪的黑白照片，同时，他们还会听到一个单词录音，其含义与说出它的语调以及照片中的表情不一致。例如：当被试者听到录音"悲伤"时，照片上展示的表情其实是"快乐"的。在这种情况下，被试者似乎更倾向于相信表情和语调给出的信息，而非口头信息。也正是这个实验得出了大家所熟知的一个结论：在沟通过程中，55%的信息由身体语言传达，只有7%的信息是靠口头表达传递。而这些胜出的身体语言正是由我们的眼睛读出的。

> 人们对世界的认知大部分都是通过视觉来完成的。想想那些含有视觉元素的语言，如"你明白（see）我的意思吗？"

图1-2　你明白我的意思吗？

那么作为一名知识分享者，您在知识分享活动中是不是仍旧以讲授为主呢？我们学习的最佳渠道之一——眼睛，有没有被很好地利用起来呢？

认知过载的第一个灾难：非注意视盲

提及认知过载就不得不先来说说记忆，人们要想长时间记住一件事情，至少要通过人脑记忆系统的三个关卡。它们是图像记忆、工作记忆、长期记忆。

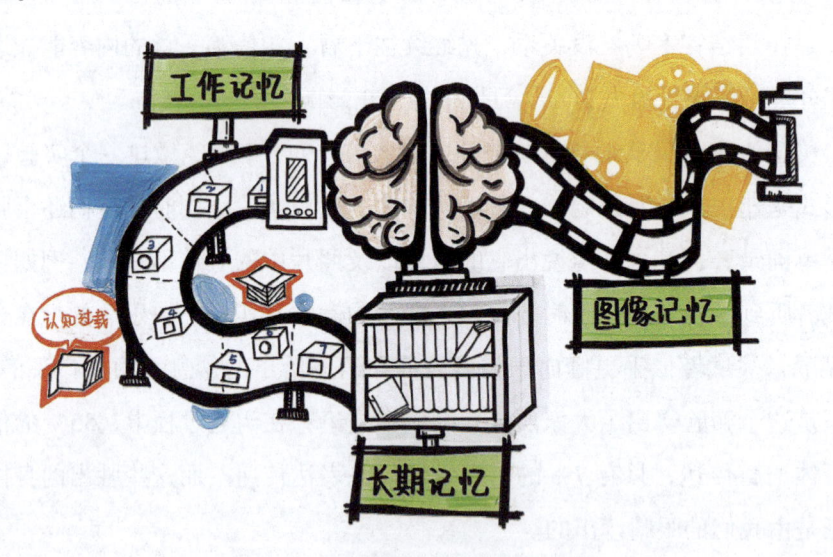

图1-3 人脑记忆系统的三大关卡

第一关图像记忆，也被称为感觉记忆，或瞬时记忆。图像记忆与经由感觉渠道输入的经验和感知相关。有科学实验表明，视觉系统的大部分数据能被存储约1秒钟。

第二关工作记忆，它就像是意识的工作台。它必须要保持活跃，如果需要记忆的项目从工作台上掉下来，就永久地丢失了。然而，它是一个容量有限的工作台。如果这些项目是不相似的，那么大约能保持4个项目；但如果它们是类似的项目，比如都是数字、字母，则大约能保持8

个。这就使我们所熟知的学习内容要控制在（5±2）的范围内。信息在这个工作台中停留的时间是5~20秒。

第三关长时记忆中，(内容缺失) 被长久保存下来，而长时记忆的存储空间是无限的，但要想转化为长时记忆，新内容要和已有的记忆进行关联。

当你的工作记忆接收到的信息超出了它能自如控制的范围时，认知过载就产生了。

非注意视盲是人的一种本能状态。

心理学上的著名的"看不见的大猩猩"实验就与此相关。实验中，研究者让大学生看一段很短的视频，并数出视频中某些人之间传篮球的次数。在第10秒钟时，一个演员身着大猩猩的服饰，从右边进入画面中，屏幕显示他走到一群人中，转身，重击自己的胸部，然后从左边离开。整段视频持续30秒，"大猩猩"在屏幕上出现9秒。不可思议的是，只有42%的被试者说他们看到了大猩猩。如果您有兴趣也可以在网上找到相关视频来测试一下。

再次回顾记忆的过程——被注意力引导，先看到，然后被意识加工，再被大脑存放。所以**先被"注意力"看到**就变得至关重要了。注意力越集中，我们的学习能力越强。

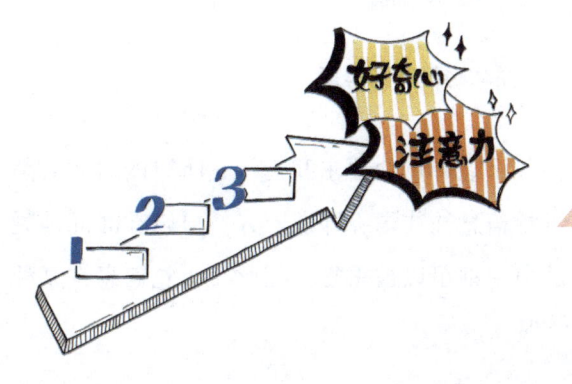

当学习者看到内容并不完整的学习路径图或视觉全景图时，他的好奇心和注意力也被点燃了。

图1-4 视觉激发注意力与好奇心

知识分享活动中唤起学习者注意的最基本也最常用的方式是激发学习者的好奇心和新异刺激。视觉催化就很好地满足了这两方面的要求。

第二节
图像降低学习难度

图1-5　图像降低学习难度

回忆一下你的学生时代，为什么老师们会要求我们认真听讲的时候看黑板呢？因为与视觉信息相比，听觉信息往往稍纵即逝。人们可以长时间地凝视一幅画作，但不是所有听过的声音都可以被重复。因此，听觉信息在某种程度上比视觉信息更难获取和处理。

图 1-6　用图片和绘画的方式学习正确率更高

有两组孩子分别采用不同的方式学习生物学知识，第一组通过图片和绘画的方式进行，而第二组则完全通过文本来学习。在之后的多选题考试中，第一组学生的正确率平均达到了 61%，相比第二组平均 41% 的正确率，高出了近二分之一。而在绘图考试中，第一组的正确率为 52%，更是远高于第二组平均 28% 的正确率。

研究者相信，通过写写画画，我们可以更好地学习和吸收知识。在写写画画中，学习者可以更大程度地参与到认知生成的过程中去，有效地对信息进行组织，并与先前存在于记忆系统中的知识进行整合。

另一个有趣的实验中，被试者是两组学生，一组将需要记忆的图像化知识分成若干部分，依次发给学生进行学习；另一组则是将需要记忆的图像化知识一次性完整提供给学生。对比两组的学习效果，第二组明显优于第一组，这就出现了图像记忆中"1+1<2"的有趣结果。

由此可见，在学习活动中，如果知识分享者能将课程内容通过视觉化的方式，有逻辑地、完整地呈现出来，并让学习者参与到认知过程中，也会显著改善学习者的学习效果。

第三节
视觉引发你未曾察觉的学习

图1-7 隐性学习

图 1-8 神奇的"感觉"

这神奇的"感觉"到底从何而来？

你有没有想过，如果不需要刻苦地学习，就能让知识自己装进大脑，这该是多么美好的事情！其实，我们真的体验过这种美好。想想你在刻苦地学习英语语法，期望可以在下次考试中答对那些让你纠结不已的完形填空题，但是你的同学却能轻松完成，并且告诉你，"我感觉 C 就是正确答案"，你是不是也会很好奇人们对语感的认识"只可意会，不可言传"？人们获得语感的过程是自动的，无须意识努力去发现语言结构的规则，却可以在言语行为中准确地使用它们；在语感获得后人们就能够对语言规则进行迁移，从而在以后的言语活动中更加自如地运用这些规则。语感的获得过程就是典型的"隐形学习"。这种人类能力表明学习可以在没有清晰的言语意识下进行。

每一时刻大约有1100万个信号被传送到大脑中其中大约有90%信号来自眼睛

图 1-9　传送到大脑中的信号 90% 来自眼睛

　　大脑对大量输入的信息进行积极的过滤，直至缩小到每秒 40 个单元的信息。其中大部分信息，我们都不会注意到。就像你在阅读这些文字的时候，从未注意到你也在看自己的鼻子。这也就是说，你的大脑接收的信息确实比你的意识思维所处理的即时信息多得多。即使你没有打算进行学习，并且你没有清晰地注意到那时候某些经验的来源，那种经验依然可能对你产生影响并产生学习结果。

图1-10　课间讨论墙上学习内容海报

　　如果我们在学习环境里，通过布置刻意设计的关键内容海报等手段，会不会增加学习者的"隐形学习"呢？答案是肯定的。我们在利用视觉手段进行的知识分享过程中，会注意到一些现象，如大部分进入教室较早的学习者，会留意墙上张贴的学习内容海报；在课间茶歇时，熟络起来的学习者会不经意地讨论起教室墙面上的学习内容海报等。当然我们的视觉手段不仅是这些海报，这只是我们在实践中观察到的一些现象，虽然没有具体的统计数据，但是，它们却实实在在地发生着。

第四节
颜色的超凡影响力

> 穿红色队服的运动队更容易赢得比赛。

图 1-11 颜色的超凡影响力

亮丽的色彩总是更能吸引人的注意。这是因为人们在确认颜色时的反应速度数倍于确认形状或其他变量时的反应速度。这也说明了颜色在吸引注意力方面的强大能力。颜色对改变人们的行为和想法也举足轻重。

图 1-12　颜色对人的影响

我们对暖色调会投注更多的注意力，穿红色队服的运动队更容易赢得比赛，因为红色能提高睾丸素水平，使穿着者更加自信。而红色的环境会阻碍分析类的思考。和蓝色的灯光相比，红色的灯光会提高人们对环境的注意力，让人们觉得时间过得很慢。暖色系的颜色，比如橙色、红色、黄色会让人们觉得更温暖一些，而冷色系会让人们觉得略冷。绿色的环境有助于激发创造性思维。

请大家大声说出下面文字的**颜色**（而不是文字），并在 20 秒内读完。

黑白红蓝紫

白紫绿黑红

黄黑蓝绿紫

红黑白蓝黄

你读对了多少？是不是感觉非常别扭，错误频出？这是因为你的左右脑在打架。

图 1-13　全脑思维

> 著名的割裂脑实验，证实了大脑不对称性的"左右脑分工理论"，因此就出现了我们熟知的左脑为"学术脑"，右脑为"艺术脑"这一说法。在刚才的小测试中，你的左脑试图读出文字，而右脑却识别了颜色。左右脑不统一时，你的感受自然很不舒服。

其实，人们在对大脑的研究发现，左脑和右脑不是相互割裂的，而是互相辅助、共同创造的。例如，莫扎特艺术天分极高，他的音乐被世人所喜爱，是公认的天才之作。如果将他的乐谱拆解开，会发现其旋律和高潮的分布非常有数学规律。让左右脑都满意的东西，既蕴含了严谨的逻辑，又充满了艺术的美感。

在我们的知识分享活动中是不是也可以这样实践呢？

图1-14　坚果与飞鸟表达课程内容全景图

通过使用色彩、符号、线条、重点标志、图画和关键词，我们可以把枯燥、晦涩的内容创造为一幅视觉刺激作品。这种全脑思维模式不仅能帮助我们更好地理解内容，也有助于提升我们的创造力。

第五节
做个善用视觉的知识分享者

图 1-15　做个善用视觉的知识分享者

将这些视觉的科学原理运用到改善知识分享和学习的过程中，就有了视觉催化的各种技巧和学习手段，那么，视觉催化是什么呢？

图 1-16 视觉催化

视觉催化是以学习者为中心，借助视觉化工具提炼知识要点、搭建知识传递框架、创建激励学习者主动学习的场域，将学习内容具象化和高度结构化，让学习自然而然地发生，并借助视觉化学习活动，提高学习者的参与性和体验性，让学习者真正发生改变的知识分享方法。

图 1-17 冰糖葫芦模型图

> 冰糖葫芦的口味为什么要比未经加工的山楂更好呢？因为未经加工的山楂是非常酸的，虽然营养价值高，但是我们的牙齿和味觉并不喜欢。如果将学习内容比喻成山楂，那么穿着冰糖葫芦的竹签就是知识分享活动的逻辑线索，明晰的逻辑线索方便学习者轻松地获取知识；同时，冰糖对山楂的作用，在不改变山楂原本营养的情况下，让山楂的口味更容易被大部分人所接受，更多的山楂被吃了下去。
>
> 视觉催化是知识分享者利用视觉化的手段对学习内容进行设计、加工，让更多的学习者在愉悦、轻松的氛围中参与到学习中，接受学习内容，并保证知识不走样地传递给学习者的一种手段。

视觉催化真实地改变着我们的知识分享活动。

1. 创造激发学习意愿的场域

知识分享者无法替代学习者完成学习过程，但他们应当为学习者创造最适宜学习的氛围和环境。这样的环境和氛围被称为"学习场域"，学习场域会直接影响学习者的学习行为。这不是仅靠教室干净整洁就可以完成的，而是需要让学习者直观地感受到学习的氛围扑面而来。

图1-18 地板欢迎语

这种学习场域的力量，是知识分享者本人或其他教学工具无法替代的。

图 1-19　地板指引图

图 1-20　课程签到海报

图 1-21　课程期待

图 1-22　入场调研

图 1-23　不一样的学习纪律承诺

图 1-24　问题等候区

图1-25 茶歇区

图1-26 物品存放区

图1-27 物料补给区

图 1-28　好的场域要帮助学习者保持好奇心

大部分进入课堂的学习者，学习意愿并没有那么强烈，而且面对学习压力，皮质醇就会产生，它是一种处理压力所需的荷尔蒙，它还会削弱人的学习能力。因此，好的场域要帮助学习者在保持好奇心和接受挑战之间取得平衡，知识分享者需要让学习者放松下来，不然，压力会给他们带来消极反应。

曾经有一位学习者这样评价视觉催化打造的学习场域——"有温度的课堂"。他说在这个环境中，感受到了知识分享者对课程的用心。一份准备充分的学习材料用非语言的方式呈现出来，表明知识分享者已经为本次知识分享做出过充分而精心的准备；它告诉学习者，知识分享者对此次学习高度关注，准备了精良的学习材料。降低了学习者的心理压力，使他们更有意愿投入到这次学习中。

2. 激活积极情绪，引发思考

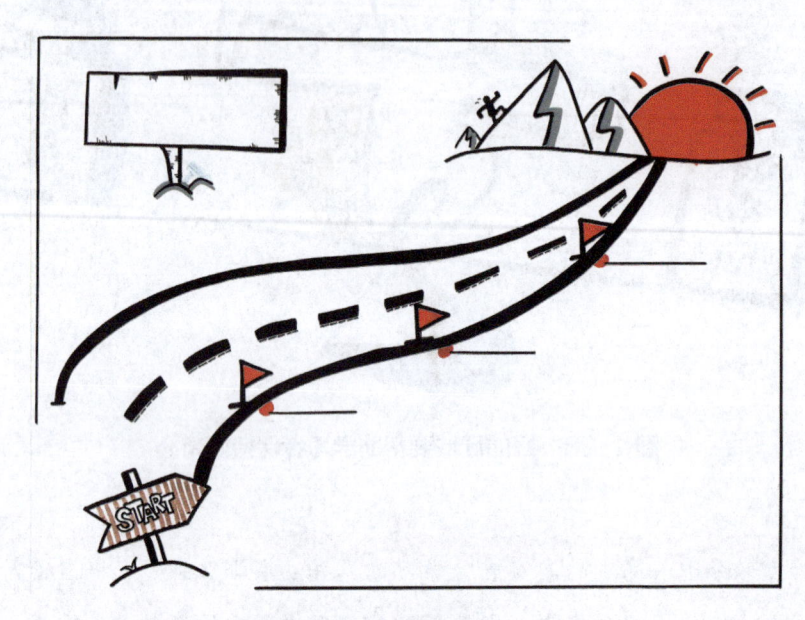

图1-29　目标路径图（一）

图1-30　目标路径图（二）

将目标达成后的美妙图景进行可视化的描述，那么随之产生的积极情绪（比如兴趣、自豪和鼓舞）就能激发学习者创造出更宽广的思维模式，并最终产生数量更多、更新颖、更有效的解决方案。

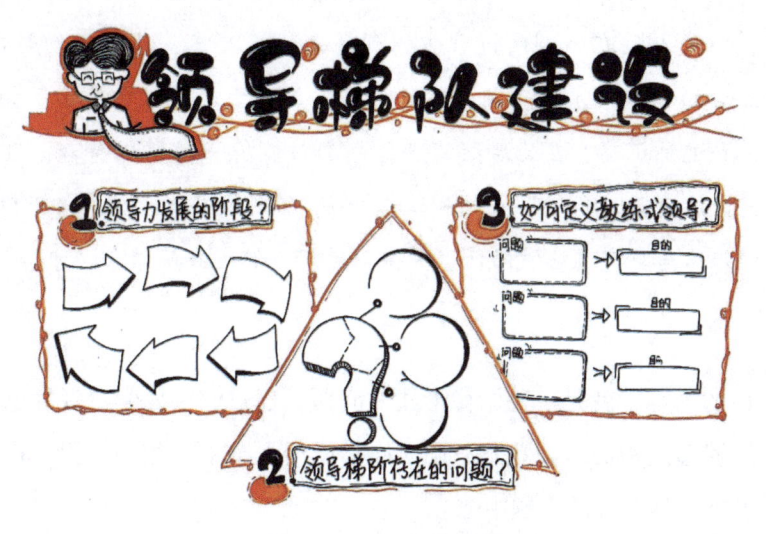

图 1-31　内容空白图

这样一张图，会不会更好地帮助学习者学习呢？答案就在后面的实验中。

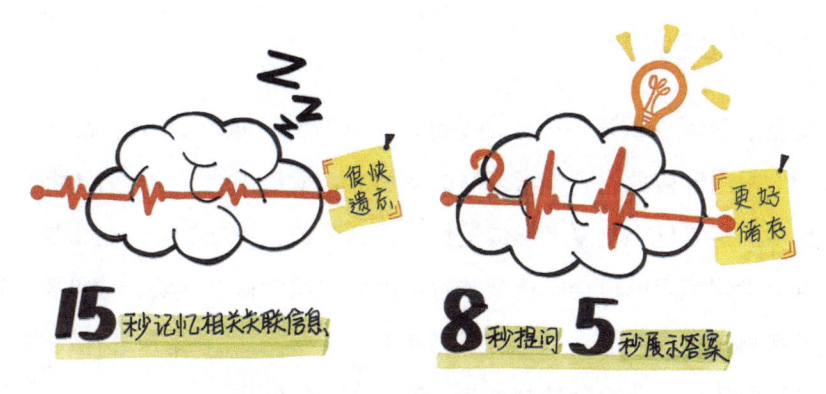

图 1-32　两种学习方法的效果对比

加州大学的科研人员曾测试人们运用以下两种学习方法中的哪种方法学得更好。一种是每次用 15 秒展示一对相互关联的信息，比如"巴

> 西—巴西利亚";另一种是要求人们先用8秒钟去猜测"巴西的首都在哪里"这样的问题答案,然后用5秒钟展示正确答案:"巴西利亚。"您认为在哪一种情况下,人们在后续的测试中能记住更多的正确答案?事实证明,即便人们在猜测的过程中想到的是错误答案,比如里约热内卢,但在此后的测试中,对正确答案的记忆仍然高于那些仅被展示了相关词组的,且这种正确率在此后继续研究的61小时内一直被保持着(61小时后研究者没有再进行进一步的测试)。在这个测试里,大脑中与正确答案相关的知识与事实网络被激活,并得以更好地储存正确信息。

空白的内容,就是一种图像形式的问题,通过它引发学习者的思考,好的提问能够催发积极压力状态,同时能够激活大脑中的相关知识,将学习者的注意力吸引到课程的主题中来。

当然,图像内容的空白也能激发学习者的好奇心,好奇心能带来一种受到奖赏的感觉,经过自身努力获得的答案当然更容易被记住。

3. 提升记忆水平

重复、重复、重复……你是不是也常常听到"重要的事情说三遍"?当更多的学习内容被放置到学习环境的墙面上,就提供给了学习者不断重复记忆的机会。但是仅靠重复来形成记忆是很辛苦的,更好的方法是增加学习者在课堂上检索练习的机会,检索练习可以将知识学得更扎实,效果要远远好于重复接触最初的资料。这就是测验效应,是记忆水平提升最有效的方法。这就是我们从小到大的学习中一定要有考试的原因了。

只需1次自测,一周后回忆率从28%提高为39%。它是如何发挥作用的呢?

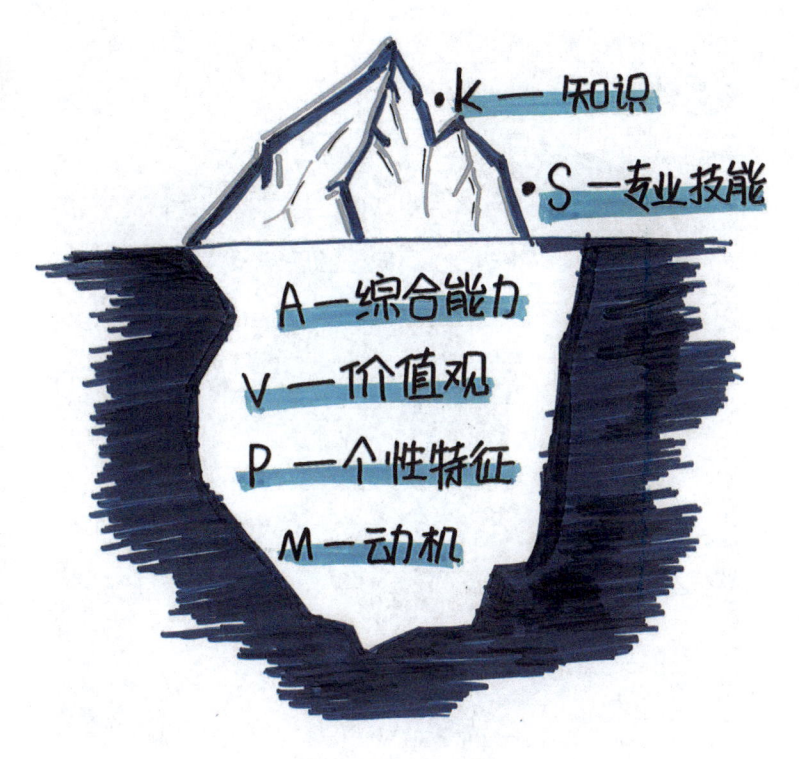

图1-33 冰山图

①与单纯的文字相比，图文结合能使我们学得更好。我们的大脑能高效地将文字和图像结合起来。

②文字和图像的位置要尽可能临近。

③与文字和图像相继出现相比，两者同时出现，我们能学得更好。

④针对每一条学习要点，注意保持与之相关的颜色、图片和符号的一致性。这样的话，学习者可以强化可视化元素与信息之间的关联，提升信息编码和提取的有效性。

在知识分享中我们借助各种图像、文字和便利贴，就可以让"检索—练习"效应轻而易举地产生。

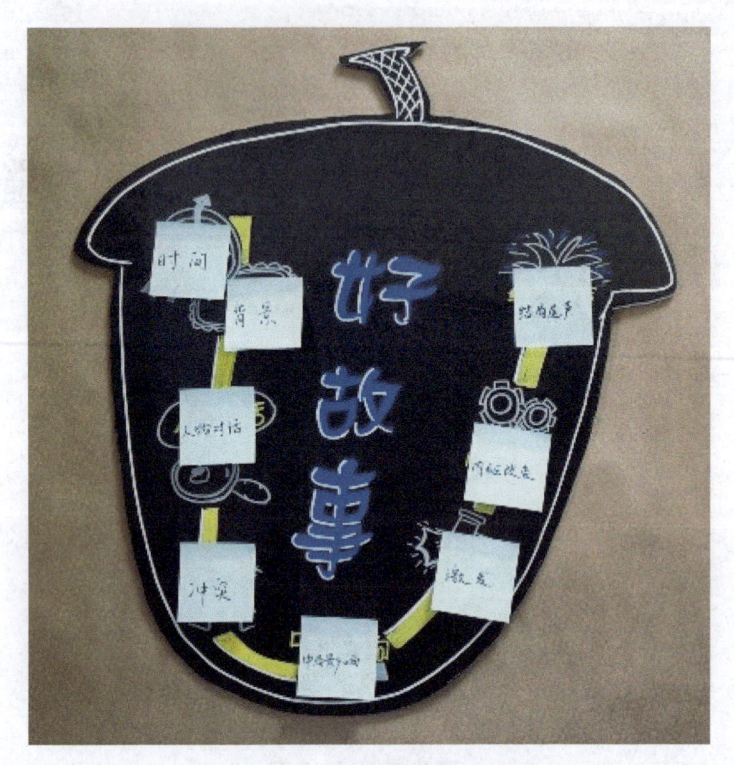

图1-34 成就好故事的要素

回顾是强化记忆的重要环节，一段时间之后回顾和重复知识点能帮助神经元强化连接，同时也是打破旧习惯建立新习惯的好机会。视觉全景图，在知识分享结束时，可以帮助学习者很好地回顾全部学习内容，尤其对于时间较长的学习（如两天）。

4. 引导学习者全身心地投入到学习活动中

学习时也需要进行一定的运动。因为，我们的大脑需要氧气，而给我们大脑充氧的方法之一就是动起来。即便是单纯的站立，也能帮我们在数秒内提高5%~8%的心率。

在一项学习效果测试中，对事先进行过适量运动的学生与事先没有进行过运动的学生的学习情况进行对比，事先进行过适量运动的学生明显有更好的表现，运动似乎可以帮助我们的大脑避免分心。

在视觉催化加工过的知识分享活动中，我们会请学习者适度地站起来讨论和分享各种信息。

图1-35　宜家效应

宜家效应指你会爱上自己做的东西。

利用宜家效应增加投入度。在视觉催化改善过的知识分享活动中，分享者会鼓励大家在白板纸上进行色彩丰富的创作，并制作成大幅的墙面海报，这样做可以让大家产生更高的投入度，同时对所学的内容形成一种强有力的视觉提醒。在一些企业中，学习者会将这样的"作品"带回到工作环境中，并与周围的人进行分享，以持续地提醒自己将学习运用到实际工作中去。

此外，还会引入带有视觉刺激效果和激发动手意愿的新颖教学道具，例如空白纸盒。每位学习者都会得到一个，利用盒子的六个面，在关键内容学习完成后，让大家把自己印象深刻的内容写在上面；或者将疑问或思考写在上面。在这个活动中，这个盒子就成为了视觉锚，能更有效地帮助学习者更深刻地理解和记忆学习过的内容。

5. 更具互动性和激发性的学习指南

学习手册一直是知识分享活动中容易被忽视的部分。提供给学习者的学习者手册大多是知识分享者学习材料的删减版，甚至有些时候，知识分享者就是将自己的 PPT 直接发给学习者作为学习手册。但是，学习手册往往是学习者学习结束后唯一的复习工具。那么什么样的学习手册才能更好地帮助我们回忆起知识分享活动中的内容呢？

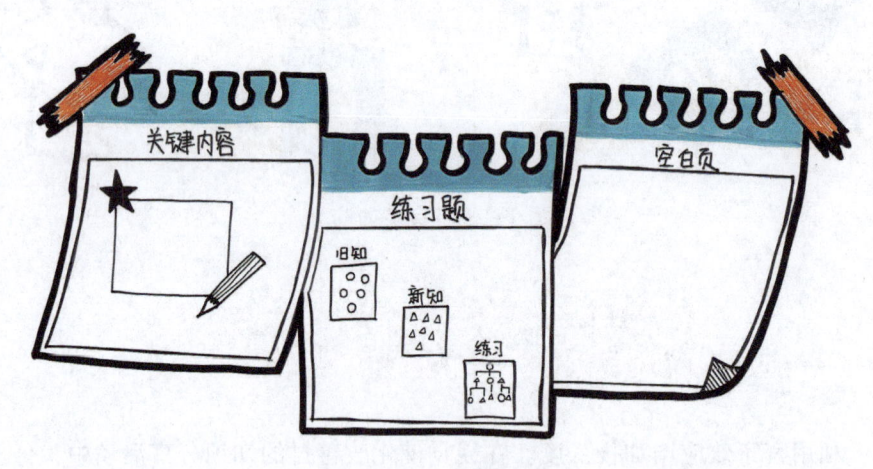

图 1-36　学习手册

学习手册：

关键内容留出空白，让学习者填写

结合课程重点内容，设置一些练习题

保留一些空白页面，留给学习者自己来写写画画

第一，关键内容留出空白，让学习者填写，可以使学习者在课程中集中注意力，因为一旦走神，关键内容就会错过，同时加深学习者对关键内容的记忆。第二，结合课程重点内容，设置一些练习题。练习题主要包括两大类，第一类是在新知识讲授前，激发学习者回忆相关旧知识的题目，学习是

一个建构的过程，如果我们孤立地学习新信息，可能会陷入一种危险，形成"惰性知识"，学习效果较差；第二类是对新知识的复习巩固。大部分学习活动中还是有新知识需要记忆的，练习题就是最好的记忆提取工具。第三，学习指南中，一定要保留一些空白页面，留给学习者自己来写写画画。为什么一定要是空白页面呢？国外的研究机构曾经做过这样一个有趣的实验，研究人员选择了一批学生作为被试者，向其中一半的被试者发放了白纸，向另一半的被试者发放了印有小熊图案的纸。研究人员请被试者在纸上书写由"可爱"这个词所想到的事物，结果被发放白纸的被试者只有三成的人书写了小熊，被发放带有小熊图案的被试者有六成以上的人书写了小熊。

如果你把知识分享活动中需要使用的材料和课后的附加材料装订在同一本学习手册中，那么建议在打印时选用两种或两种以上不同颜色的纸加以区分。这样除了方便学习者查找，也降低了学习者初次看到厚厚一本学习手册时的压力。

还记得我们这章开始的那些问题吗？它们的正确答案是 1.√ 2.√ 3.√ 4.× 5.× 6.×。

写写画画：请拿起手中的笔，从本章中的视觉元素中选择一些绘制一幅欢迎海报的草图。

小莹的烦恼

"我根本就不知道他到底想要什么!"这声咆哮并不是出自一位恋爱中的求助者,而是来自一位企业内的业务明星——小莹。

小莹是一家上市公司的关键业务部门的骨干,最近小莹所在的部门业绩下滑,领导认为是业务人员的工作技能存在问题,因为企业内部的学习要结合公司背景、人员情况来定制分享内容,比较特殊,没办法外请老师来授课,就向小莹提出了经验分享的需求。小莹只能自己开发适合公司情况的新课程。

每当需要自己设计学习内容,小莹心理压力都很大。

首先,她怕自己开发的学习内容只是花架子,担心部门领导和员工的质疑:"你分享的工作技能是否有用?耽误我们的时间来学习是否值得?"

其次,每次学习活动都需要考核验收,制定合理的学习目标就十分重要了,自己制定的学习目标总是被领导说目标难以落地、不具体、没有办法衡量学习效果。如何制定有效又让领导满意的学习目标真是个难题!

最后,学习内容设计是个技术活,小莹对此并不熟练。

在此过程中,小莹总是一遍遍推翻自己的大纲重新来过,逻辑很容易混乱;好不容易大纲确定好了,学习内容越写越多,这个知识点很重要，那个知识点好像也得让大家知道，2小时的学习时间，被无数的知识点塞得满满当当。东西太多，还得花时间调整、删减，这样永无止境的开发过程让人无比痛苦！

小莹真心希望能掌握简单、清晰的开发工具，让学习内容开发不再折磨自己！

学习内容的选择，是知识分享活动的第一步，也是最核心的步骤之一。小莹的困惑，相信很多人并不陌生。接下来，让我们利用一个简单有效的视觉化工具——学习内容拣选漏斗，帮助小莹破解难题。

不应否认，任何理论的终极目标都是尽可能让不可简化的基本元素变得更加简单且更少，但也不能放弃对任何一个单一经验数据的充分阐释。

——阿尔伯特·爱因斯坦

第二章

视觉助你找到分享要点
——视觉化学习内容开发

第一节
用"看得见"的困境激发学习动机

> 何为动机呢?
> 动机就是激发和维持有机体的行动,并将行动导向某一目标的心理倾向或内部驱力。

图 2-1 用"看得见"的困境激发学习动机

学习动机就是激发学习者坚持学习活动,并最终实现学习目标的内心动力。由此可知,学习动机对学习活动的助力作用体现在两个方面,一是对学习动机的激发,二是学习动机的维持。只有这两点都能做到,学习者才会将注意力集中到学习活动中,学习活动才会取得满意的效果。

回想一下那些死气沉沉、心不在焉的学习活动过程,难道这些学习内容对学习者都不重要吗?当然不是,每次学习内容的安排都是精心挑选的,这就揭露了一个矛盾:知识分享者或领导认为学习者有学习需要,可能学习者也确实需要，但学习者并不想要参与到学习活动中。相当多的知识分享者会忽略这个矛盾，并会陷入这样一种盲区：手里拿个锤子，看谁都是钉子。

——他分享的主题是领导力，笃定地说领导力引领高绩效，作为管理者不学领导力那岂不是等同于裸奔？

——他分享的主题是公文写作，经常引用毛主席的一句话："革命要靠枪杆子，也要靠笔杆子。"作为职场新人，公文写作才应该是你们的职场开学第一课！

诚然，这些知识分享者说的都有道理，但是，我们必须思考一个问题：知识分享者认为重要且有需求的学习内容，学习者和组织真有这样的需求吗？

场景一

网络教学中，你进入了某个教学直播间，准备好了笔记本和笔，戴好了耳机，开始听屏幕里的老师娓娓道来。心里想着："嗯嗯，老师讲的这点对我们团队来说很有价值，我们也有这个问题，一会儿老师讲怎么做的时候我得认真听。"然而等到老师讲具体操作时，你却犯了难，虽然老师给出了案例，却没能针对你们团队的实际情况来讲解，你仍然不知道该如何具体操作。"没关系的，到时候先试试看吧，自己也得多琢磨啊！"可是，没等你有机会去领悟其中的真谛，你已经忘记你学过一节貌似有用的课程了。

场景二

在教室里，学习者们已经就位，作为知识分享者的你站到大家面前苦口婆心地讲解这个技能对他们的职业生涯而言多么重要，可有个不起眼的年轻员工却调侃道："我没考虑以后，就想问问，学了这个，我的报告是不是就能让老板少打回来几次啊？你说的好处我都能想得明白，可就是遇到了实打实的事儿，我还是没办法解决啊！"这个时候，除了让他少安毋躁，并承诺稍后会具体地给大家讲解，其实也该反思一下，自己设置的学习内容是否与应用确实有些距离。

能激发学习者学习动机最核心的方法是设身处地地思考他们的真实困境、聆听他们的真实声音。场景化定位和激发学习者的学习需求，这些需求可以源自工作中亟待解决的问题，也可以源自兴趣爱好。

图 2-2　快餐学习

不难发现，虽然现在的成人学习被大家戏谑地称为"快餐学习"，但也反映出大家对学习已失去耐性，更渴望的是立竿见影，行之有效。

场景化学习才会让学员的压力更小、体验更好。想想家里的电器说明书，有哪一份说明书可以吸引我们从头至尾去认真研读吗？几乎没有。多数人会把包装盒和说明书一同抛入垃圾桶。我们更偏爱什么样的使用指南呢？当你有了一个使用诉求，你期待使用指南只需要告诉你在当前的情况下，进行怎么样的操作，就能够达成你期望的结果。以笔者为例，家里的单反相机，笔者真的没有耐性去研究所有的按钮、旋钮，更无意于学会计算那些复杂的参数。只希望知道如何拍阳光下跑跑跳跳的孩子，如何拍家里的卷毛狗，天气有些阴暗时如何拍远处的雪山，夕阳西下时如何拍近处的落花……虽然这些需求会被摄影爱好者视作小儿科，但是对普通人来说，这却是极其合理的，要知道大多数使用者并不需要成为某一个领域的专家，他们只是希望具备某一种技能，从而可以完成或轻松完成某一项具体的事务。大部分职场人都想学习 PPT 的制作，但几乎没人想成为一名 PPT 的专业设计师，大家只是希望自己的报告不要被客户嫌弃。有人想要学习演讲技巧，他并不想成为演说家，他只是希望在工作汇报时能让领导对他青睐有加。此刻请拿出你的苹果手机，在应用商店下载一个新的 App，此时手机屏幕的右侧操作按钮旁就会出现"按两下以安装"的提示，并且提示文字还会不停地抖动，让你无法忽视它的存在，那一刻你还会感受到操作复杂机器的焦虑吗？

图 2-3　知识分享者要聚焦在场景还原

> 学习者的期望是落实在具体的使用场景中，这就是知识分享者要聚焦场景还原的原因。

图 2-4　明确困境场景

一、明确困境场景

图 2-5　触发学习者的主动学习

首先，场景激发动机，而动机将触发学习者的主动学习。

你是更喜欢逛某专业家具商城买家具和家居产品，还是在传统的家具商城一家一家地挑选呢？答案不言而喻。为什么该专业家居商城会如此吸引你呢？因为它提供给了你家具使用的场景，加之沉浸式的购物体验，让原本辛苦的家具采购变成了对未来每个美好生活片段的畅想。这就是场景化的力量！

如果你是销售人员，现在想将豆浆机推荐给一位女士，你是不是打算向她讲解这台豆浆机有多少种功能、多么简单好操作、多么容易清洁？不是这样的！你要告诉她，她只需要在早上做面膜的时候，把这台豆浆机打开，它的声音根本不会吵到正在听广播的先生，10分钟的时间她的面膜做好了，一杯热腾腾、细腻顺滑、营养丰富的豆浆也磨好了，再也没有手忙脚乱的清晨，再也没有噪声震天响的厨房了！这就是使用场景对购买动机的激发。

场景对动机的激发，事实上是由视觉进行主导的，即便没有沉浸式的体验，当你描绘使用豆浆机的具体情境时，已经在消费者的大脑内部形成一幅画面了，而这种具象的场景描述会让人产生一种"仿佛已经身临其境，甚至闻到了豆浆的香味"的感觉，会更加真实，也会更加令人们向往。

在知识分享活动中更是如此。知识分享者以往只会告诉学习者，为什么学习者需要学习它，它对学习者是多么地有价值，对学习者的未来能够提供怎样的帮助，但却没人告诉学习者，当他掌握了这门技能后，他将在哪些场景下有哪些和没学过的人不一样的展现。通常知识分享者都会给学习者讲why（为什么）、what（是什么）、how（怎样做），而why的部分是为了激发学习者的学习需求，然而我们却没有想过，需求不是知识分享者告诉学习者应当要做某事，而是学习者自己觉得要做某事。知识分享者勾画的场景激发学习者的学习动机，而学习动机又将触发学习者的主动学习。

> 其次，场景帮助学习者记忆。

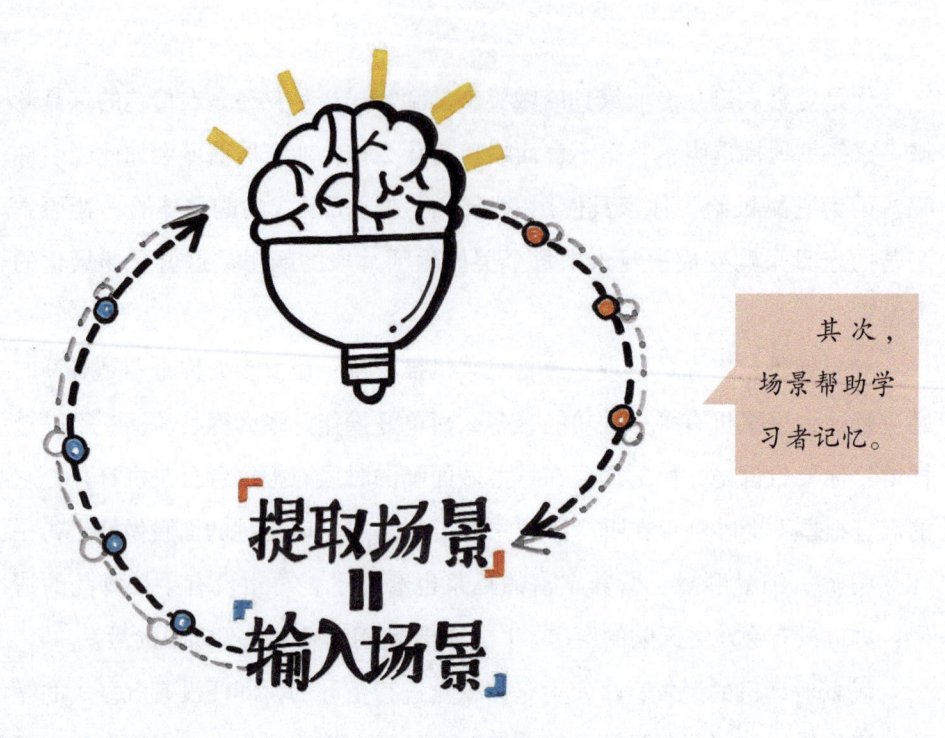

图 2-6　场景帮助学习者记忆

　　书到用时方恨少，如何理解这句话呢？其实对大多数人来说，并不是书读得少、课上得少，而是到了实际应用的当下，能想出来的解决方案太少。所以我们到底拥有多少知识并不取决于输入了多少，而在于能在需要的时候快速提取出多少。换句话说，如果一位知识分享者希望学习者们学完就能记得住，回到岗位上还能灵活运用，那必须要研究的两件事情是：学习者的提取场景和提取频次。

　　当学习者们的提取场景和输入场景相对一致的时候，会令提取动作变得简单快速，学习内容如果可以紧密结合学习者的应用场景，学习者在后期提取的时候必然会更加直接，虽然目前不具备将学习者未来应用场景完全虚拟还原的水平（也许在未来是可行的），但至少可以用语言描绘清楚，学习者将要处于什么场景，从而需要完成什么事情，知识分享者提供的方法将如何给他具体的帮助。语言可以激发想象，而想象勾勒出的画面可以帮助学习者在实际应用中进行快速提取。

同时，增加提取频次可以加深记忆，比如你经常忘记 WORD 操作中的一些功能菜单在哪里，每次用到都要找人询问，是你天生应付不来这些东西吗？当然不是，是因为用的频次低，所以提取频次也低。那如何能够提高学习者的提取频次呢？一定是在设计学习内容的最初阶段就紧密结合学习者的高频次应用场景。实用性高，使用频次才会高。

图 2-7　场景决定学习迁移的有效性

再次，场景决定学习迁移的有效性。

场景的还原还可以帮助学习者进行有效的学习迁移，学习迁移决定着学习者是否能理解、掌握，并且当遇到了相似场景时是否有能力去应用。试想一下当知识分享者给学习者讲到一个方法，如果不告诉学习者在什么场景下进行使用，学习者将很难代入一个具体的情境去理解这个方法的应用流程或范围，即便讲解时将方法拆解得再细致，也仅仅是给学习者普及了知识，而没有使学习者学会方法，更没有使学习者掌握技术。而场景具象化的学习内容则不同，它可以让学习者明确知悉自己将在哪些场景的哪些环节上应用这个方法，学习者所有的学习都是基于未来应用的，这将大大节省学习者学习迁移过程中的认知消耗。

二、场景还原链，令学习内容聚焦学习者应用

图 2-8　场景还原链

场景还原链，就是要回答"什么人在什么场景下做什么"。

只需要进行填空就可以利用这个链条快速精准地定位目标人群，聚焦应用场景。

首先来关注一下语言中的定语和主语。

有很多人都问过这个问题："直接说主语不就好了吗？为什么还要加一个定语？"有太多人早就不记得定语是何方神圣了。举个例子，主语是新员

工，定语也许是营销部门的新员工，也许是2022年校园招聘的新员工；又如主语可能是管理者，定语是刚刚继任的管理者，或者是曾参加过第一次领航计划学习项目的管理者。其实定语的作用就是将主语进行一个精准的定位。通常，知识分享者的目标学习者可能仅仅定位为员工，或者是某部门的员工，而定语可以帮助我们将人群进行更加清晰的描述，只有描述清楚目标学习者，才能知道他们将在何时需要做何事，也才能知道目标学习者可能遇到的困境。

接下来再说情境。

情境是什么呢？就是学习者要做的事情。比如，具备一定专业经验的招聘人员面试管理岗位候选人，面试管理岗位候选人就是应用情境。对于情境的界定，有两个建议，宜小不宜大，宜高不宜低。

宜小不宜大，就是情境要尽可能地聚焦在某个点上，而不是一个面。比如说，聚焦于面试管理岗位，而不是面试工作中。

宜高不宜低，就是应用频率要尽可能高，尽可能贴近学习者的实际应用，绝不能让学习者学习了某项技能，却在未来的很长一段时间都难有机会进行实践，这样的教学显然是无效教学。

最后谈谈行为。

为什么要描述出具体的行为呢？因为它可以令学习活动真的对学习者产生价值。上面的例子中，定语加主语是有一定专业经验的招聘人员，情境是面试管理岗位候选人，行为是进行有效的发问，识别领导力类型，进行期望值管理。当能够描述出具体的行为的时候，学习内容的方向也就明确了。

基于以上内容，如果学习内容对学习者的吸引力不足，或者实用性较差，经常被学习者抱怨纸上谈兵，那就不妨尝试着从场景还原开始吧。

什么人	什么场景	做什么

请结合你自己要开发的知识分享内容，快速地将以上场景还原链中的空白填好。

知识分享者要把握住学习者的实际困惑，并且使所设计的课程可以帮助学习者解决困惑，这样的课程内容才具备了激发学习者学习动机的可能，但如果知识分享者激发其动机的方式太过陈旧或单一，学习者大概率接收不到这种激发。现实中大多数知识分享者都是用语言概括性地描述一下：我们为什么要学习《XXX》呢？因为……。虽然语言激发是一种不错的激发手段，但是一味地通过语言激发，仅仅是调动学习者的听觉，来引发学习者短时间的思考。一旦进入下面的学习内容，这个问题就会被学习者遗忘。如果这个问题被放置到墙面上，让学习者在学习活动期间都可以看见，这会不会提醒他关注自己学习的目标和意义，会不会让他在课程中更好地集中注意力呢？如果更多的课程相关问题被放置在学习者可见的范围内，学习者又会不会被这些问题引导，坚持完成学习呢？答案不言自明。视觉催化工具可以有效地延长动机被激发的时间。

第二节
"看见"问题真因

图 2-9　看见问题真因

习近平总书记曾说"学习是文明传承之途、人生成长之梯、政党巩固之基、国家兴盛之要",以强调终身学习的重要性。企业也将学习放置到了前所未有的高度。似乎学习成为了改善员工表现、提高劳动效率、保持员工忠诚度等问题的灵丹妙药。学习真的能解决这些问题吗?先来看看下面两个例子。

18世纪末，英国政府决定把犯了罪的英国人发配到澳大利亚去，同时实现大规模移民。一些私人船主承包了从英国往澳洲大规模运送犯人的工作。英国政府实行的办法是以上船的犯人数支付船主费用。船主为了谋取暴利，尽可能地多装人，一旦船只离开了岸，船主按人数拿到了政府的钱，对于这些人能否远涉重洋活着到达澳大利亚就不管不问了。有些船主为了降低费用，甚至故意断水断食。3年以后，英国政府发现：运往澳大利亚的犯人在船上的死亡率达12%，英国政府费了大笔资金，却没能达到大批移民的目的。英国政府想了很多办法。每一艘船上都派一名政府官员监督，再派一名医生，同时对犯人在船上的生活标准做了硬性的规定。但是，死亡率不仅没有降下来，有的船上的监督官员和医生竟然也不明不白地死了。原来一些船主为了谋取暴利，贿赂官员，如果官员不同流合污就被扔到大海里喂鱼了。政府又采取新办法，把船主都召集起来进行教育，教育他们要珍惜生命，要理解去澳大利亚开发是为了英国的长远大计，不要把金钱看得比生命还重要。但是情况依然没有好转。一位英国议员认为是那些私人船主钻了制度的空子，而制度的缺陷在于政府给予船主的报酬是以上船人数来计算的。他提出从改变制度开始：政府以到澳大利亚上岸的人数为准计算报酬。问题迎刃而解。船主主动请医生跟船，在船上准备药品，改善生活，尽可能地让每一个上船的人都健康地到达澳大利亚。一个人就意味着一份收入。自从实行上岸计数的办法以后，船上的死亡率降到了1%以下。机制的改变最终解决了死亡率居高不下的问题。

　　某公司新员工离职率居高不下，领导认为是新员工对于公司的理念认同不足，工作技能较差，无法完成现有工作而造成工作热情不高，离职率上升。因此，希望通过新员工培养计划来解决这个问题。而经过对离职的新员工访谈发现，新员工普遍反映，入职后没有人对他们的工作进行指导，他们完全是野蛮生长，部门领导只给派任务，对其他事情不管不问，新员工对工作认知不明晰，对企业没有归属感，业绩不达标，工资就无法拿到全额，新员工的状态就更消极，形成了恶性循环。经过分析，这个问题更适合通过师徒制的培养模式，或部门负责人加强管理，甚至调整工资制度来解决，而非通过几次学习就能解决。

通过以上两个例子不难看出利用学习这个工具是有一些局限性的。那么哪些方面的问题更适合通过学习手段来解决呢？

汤姆·吉尔伯特也许能给出答案。吉尔伯特被认为是人力绩效之父，1978年在《人的能力》（*Human Competence: Engineering Worthy Performance*）中，吉尔伯特描述了一系列可以用于将员工绩效从一般或以下水平提升至杰出水平的技术。他识别出六大类影响职场绩效的因素，并在此基础上建立了"行为工程模型"，简称BEM模型，他的模型已经被大量应用于绩效改进等活动中。

图2-10　行为工程模型

刺激	反应	结果
模块一：环境信息	模块二：环境资源	模块三：环境刺激
• 描述绩效的期望 • 关于怎样做工作的清楚的、相关的指导 • 对于绩效是否足够的相关连续的反馈	• 为满足绩效需求计划的工具、资源、时间 • 接触领导者的渠道 • 充分的人力资源 • 有组织的工作过程	• 依照绩效而定的足够的金钱刺激 • 非金钱刺激 • 职业发展机遇 • 绩效过差产生的明确的后果
模块四：个人知识	模块五：个人能力	模块六：个人动机
• 开展系统化设计的培训来培养杰出的工作人员 • 培训的机会	• 人与职位的匹配 • 好的选择过程 • 制定灵活的计划来发掘员工的最大能力 • 通过虚拟的或可见的帮助来增强能力	• 认识到员工为可获得的利益刺激而工作的意愿 • 对员工动机的评价 • 招收新成员来满足工作条件的现实情况

表中上部分的三个模块——信息、资源、刺激——代表了影响绩效的环境因素。当这些支持的因素被提供后，员工就能够创造令人满意的绩效。但是，当这些支持因素没有被提供时，即使员工接受专业的技能训练，表现也难以达到预期的水准。

所以当这些因素出现问题时，通过学习是解决不了的。

吉尔伯特相信获得绩效提升通常可以只通过环境支持因素来实现，而传统的假定是个人工作技能需要提升要通过学习和训练来实现。当这种假设错误时，以下问题就显现出来：

• 当绩效并未达到期望的标准时，学习以及学习活动策划者就会不被信任；

• 组织大量资金被浪费在无用的学习中，这些资金本该用于处理大部分的环境支持因素；

• 平均绩效和杰出绩效之间差距悬殊。

表中下半部分的三个模块展示了绩效与员工相关的因素，分别是知识、能力和动机。这也正是学习活动可以发挥作用的三个方面。

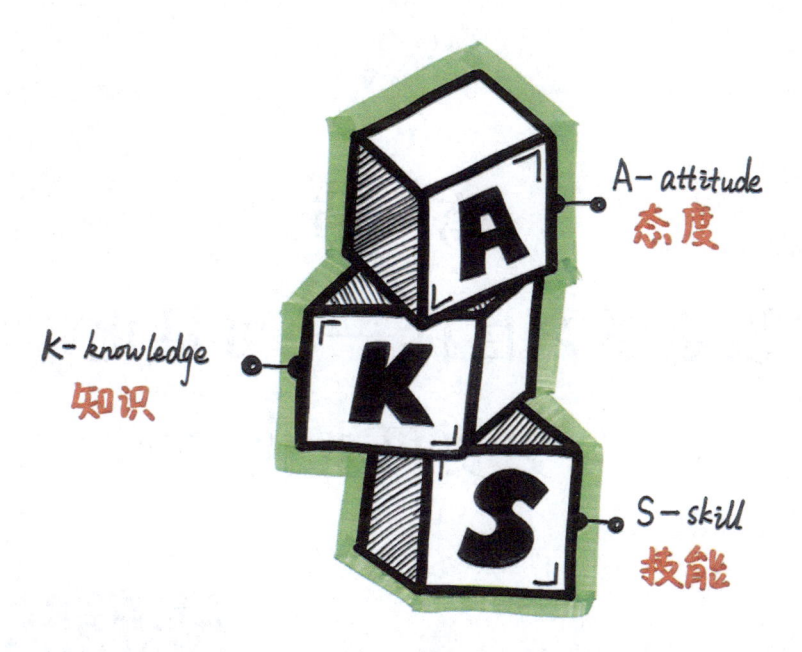

图 2-11　学习活动可以发挥作用的三个方面

> 培训可以解决员工知识欠缺、技能提升、态度改变三类问题，简称为 AKS（A-attitude, K-knowledge, S-skill）问题。

如在使用新的设备和弥补知识与技能方面的认知缺口时，知识发挥了作用。对于学习活动的需要是显而易见的。对于工作技能的训练所带来的绩效提升也是发挥作用的。另外，学习活动也可以被用来改变、调整员工的价值观和态度，例如常见的企业文化宣传和贯彻、情绪与压力管理就是此类主题学习。

因此，学习内容拣选漏斗的第二步要做的就是分析问题的原因，并明确该问题是否可以通过学习来解决。排除一些需要通过制度、机制或业务流程来解决的问题。一般来说，员工缺乏知识、技能的问题及态度调整的问题是可以通过学习活动来改善的。

第三节
设定学习目标——可量化，更要可视化

图 2-12　学习目标的设定

在明确了可以通过学习解决的问题后，接下来就要找出学习者现有水平和绩效期待水平间的差距。这个差距就成为了未来学习中要设定的学习目标。

一、可量化的绩效期待

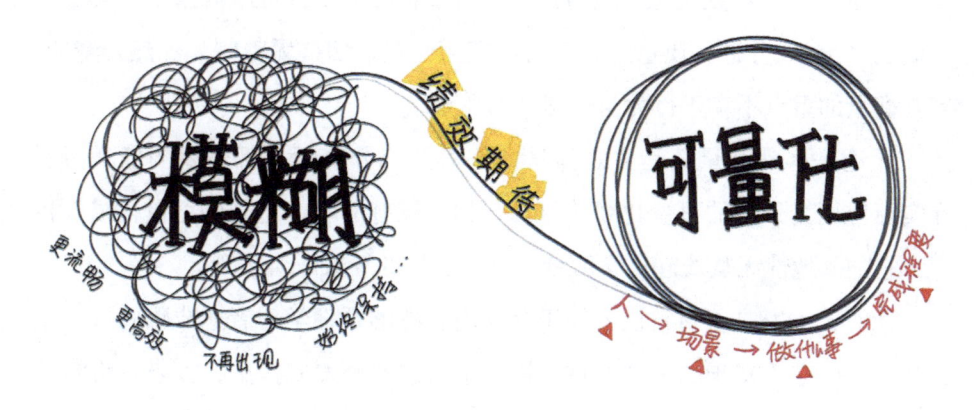

图 2-13　可量化的绩效期待

> 通常，大家在描述绩效期待时表述是较为模糊的，经常使用的说法包括：更流畅、更高效、不再出现、始终保持等。
> 首先需要将模糊的绩效期待转为可量化的绩效目标。

比如：损耗率 37% 降低至 20% 以下，电话拨通率提高 15%，完成 2022 年一季度规定标准，5 分钟内 0 失误，等等。

绩效期待又该如何量化呢？

一般我们将可量化的量字理解为数量，但其实更合适的理解是衡量的量，所谓可量化的绩效目标，其实是可以衡量的绩效目标。衡量，又分为主观衡量和客观衡量。

主观衡量是指不能或难以用工具或手段直接度量或计数取值，只能凭相关人的感受、评价确定其水平，标准通常来源于两个方向，自我感受和他人感受。比如，自己感觉更轻松地完成某事、情绪更加积极，他人感到学习者受训后表达更为流畅、较先前更有亲和力等。主观衡量并非单纯拍脑袋的设想，它通常来源于真实存在的事实基础，是可以被信赖的。

客观衡量是指有具体度量或计数取值标准的衡量方式，分为数量、时量、质量。例如：数量上，由日产 1 万件提高至 1.3 万件；时量上，单次操作时长降至 10 分钟；质量上，管材内壁无气泡、切口无毛刺、受热无畸变。客观衡量的重点不在于行为与过程，而在于结果。

无论是客观衡量还是主观衡量，作为知识分享者，都需要明确学习者在实际应用场景中的可量化绩效目标，如若没有清晰、直观的可量化绩效目标，它的落地性无从谈起，学习者也难有良好的绩效改善表现。

此时，大家是否对自己的知识分享内容能够帮助学习者达成哪些可量化的绩效目标有了初步的思考？在知识分享内容的开发实操中，大家可将绩效目标和第一节中提到的场景还原链做一个串联思考，这可以让我们的知识分享的导向更明确。

简而言之就是：人—场景—做什么事—做到什么程度。

举个例子：新入职的销售人员在首次拜访客户时能够在 10 分钟内清晰无失误地说明公司实力，自信流畅地展示个人专业。

二、匹配合理的可视化学习目标

在进行知识分享活动设计时，你总会听到教学目标、学习目标、绩效目标，各种目标之间有什么区别和关联呢？

举个例子：假如孙悟空的绩效目标是带领团队在规定时间内到达西天取到规定数量的真经并安全返回大唐，那教学目标就是：熟练使用筋斗云、熟练掌握 72 般变化并针对不同环境进行相应选择、能运用火眼金睛识别鬼妖等等，你有没有发现孙悟空的绩效目标既宏大又耗时？那我们怎么才能在孙悟空学习的当下及时了解到他是否掌握了必备技能呢？

设定目标的价值除了指导学习活动外，另一项目的就在于衡量学习活动的效果，著名的柯氏四级评估就是衡量学习效果的利器，柯氏四级培训评估模式，简称"4R"，主要内容如下。

图 2-14　教学目标链接课堂场景和应用场景

　　教学目标是知识分享者制定的，是在知识分享活动中达成的任务，而要实现绩效目标，必须将学到的知识或技能迁移至学习者的实际应用场景。学习目标是学习者在学习时应了解的本次学习活动的任务，也可以理解为课堂上的学习者达成的教学目标，是帮助他们在未来的实际应用中达成绩效目标而在学习活动中要达成的任务。如果只有明确的绩效目标，而忽略教学目标的制定，很难将应用场景与学习活动建立有效链接，从而导致学习活动价值降低。

　　第一级，反应评估（Reaction）：评估学习者的满意程度；
　　第二级，学习评估（Learning）：测定学习者的学习获得程度；

第三级，行为评估（Behavior）：考查学习者的知识运用程度；

第四级，成果评估（Result）：计算学习活动创出的经济效益。

绩效目标的达成也就是柯氏四级评估中四级目标的实现需要学员在未来的较长时间的实操后方可衡量，以验证学习效果。目前我们通常能在学习活动现场通过对学习者的观察实现的是第一级。通过有效的可视化学习目标的设计设置实现第二级和部分第三级，这是由于部分知识或技能的验证无法在学习现场实现，需要借助其他必要工具或环境，因此第三级只能部分实现。为了保证学习目标在学习活动现场的达成，我们要尽量让学习目标可视化，也就是让学习目标在学习过程中"看得见，摸得着"地被实现，这不仅有利于学习目标的达成，也有利于学习者树立将学习到的知识或技能应用到未来的工作中的信心，以实现绩效目标。仍以孙悟空的学习目标设置为例，为了及时了解到他是否掌握了必备技能，孙悟空的学习目标为能熟练绘制取经的地图、1秒钟内识别妖怪、连续操作筋斗云10次无失误……

为了更准确地描述学习目标，可以利用布鲁姆的学习目标分类法。布鲁姆是根据人的认知过程将从简单到复杂、由具体到抽象这一规律来作为其教育目标分类理论依据的。布鲁姆等人把学习目标分为三个领域——认知领域（cognitive domain）、情感领域（affective domain）和动作技能领域（psychomotor domain）。他的教育目标分类强调对结果进行评估。布鲁姆主要强调了认知领域的教育目标分类，另外两类是由后来的教育心理学家D.R.克拉斯沃尔和E.J.辛普森补充完成的。

> 布鲁姆等人把学习目标分为三个领域——认知领域（cognitive domain）、情感领域（affective domain）和动作技能领域（psychomotor domain）。

图 2-15　教学目标

1. 认知领域分类

认知领域注重记忆或再现某些可能已经学得内容的目标，以及解决某些理智任务的目标，这种理智任务要求个体必须先确定实质性的问题，然后对特定的材料加以重新排列，或把它与以往已经习得的观念、方法或程序结合起来。

对认知过程的分类，包括记忆、理解、运用、分析、评价、创造六级水平。

认知领域分类	含义	子维度	举例
记忆	从长时记忆系统中提取有关信息	再认	再认美国历史上重要事件的日期
		回忆	回忆美国历史上重大事件的日期
理解	从口头、书面和画图传播的教学信息中建构意义	解释	解释重要演讲或文件的含义
		举例	给出各种美术绘画类型的例子
		分类	将考查到的或描述过的心理混乱的案例分类
		概要	为录像磁带上描写的事件写一则简短的摘要
		推论	在学习外语时，从例子中推论出语法原理
		比较	比较历史事件与当前的情形
		说明	解释法国18世纪重要事件的原因
运用	在给定的情境中执行或使用某程序	执行	多位整数除以多位整数
		实施	将牛顿第二定律运用于它适合的情境
分析	把材料分解为它的组成部分并确定各部分之间如何相互联系以形成总体结构或达成目的	区分	从数学应用题中区分出有关和无关数字
		组织	组织某一历史上描述的证据使之成为支持或反对某一特殊解释的证据
		归属	根据文章作者的政治观点确定他的观点
评价	依据标准或规格做出判断	核查	确定科学家的结论是否来自观察的数据
		评判	判断两种方法中哪一种对于解决某一问题是最恰当的
创造	将要素加以组合以形成一致的或功能性的整体；将要素重新组织成为新的模式或结构	创新	提出假设来说明观察到的现象
		计划	计划写一篇历史方面的论文
		建构	为某一特殊的目的建筑住处

2. 情感领域目标

情感领域目标是注重情调、情绪或接受与拒绝程度的目标。主要分为接受、反应、价值评价、组织、由价值或价值复合体形成的性格化（简称为个性化）五个层级。

情感领域目标	释义	子维度	释义	举例
接受（注意）	学习者感受到某种现象和刺激的存在	觉察	使学习者意识到某些事情——即注意到某种情境、现象、客体或事态	形成对服饰、陈设、建筑物、城市设计、美好的艺术品等事物中的美感因素的意识
		愿意接受	对刺激的一种中立态度或保留判断	在直接的交谈中、电话里，注意别人的谈话
		有控制地或有选择地注意	对注意的控制	在聆听音乐时，辨别其调式和意义，并识别各种音素和乐器对整个效果的作用
反应	期望学习者充分参与或致力于他们选择出来的课题、现象或活动，并从中得到满足	默认的反应	遵从/顺从，学习者虽然作出了反应，但尚未充分认识到这样做的必要性	遵守游戏规则
		愿意的反应	自愿参与并作出反应	通过自愿阅读和讨论，了解当前国际、政治、社会及经济事务中的重大问题
		满意的反应	行为伴随着愉快、兴奋或乐趣的感觉	从消遣阅读中获得乐趣
价值评价	对一件事物、一种现象或一种行为的价值评判或评定的结果逐渐被内化和接受，并被学习者用来作为自己的价值准则	价值的接受	对某一类客体、现象等作出的反应的一致性	始终渴望形成良好的演讲和写作的能力
		对某一价值的偏好	个体对这种价值的信奉已达到追求它、寻找它、要求得到它的地步	承担起吸引团体中沉默寡言的成员参与交谈的责任
		信奉	行为已表现出相关行为的认可，并具有扩大发展这件事的可能性，存在这一种需要得到满足的紧张	信仰理性的理论以及实验和讨论的方法
组织	各种价值组织成一个体系，确定价值之间的相互关系，确立占主导地位的和普遍的价值	价值的概念化	将学习者已有的价值和新的价值联系起来	试图识别他所欣赏的某一艺术客体的特征
		价值体系的组织	将各种价值组成一个价值复合体，并使这些价值具有有序的关系	制订一个根据活动的要求来调节自己休息的计划

续表

情感领域目标	释义	子维度	释义	举例
由价值或价值复合体形成的性格化	个体始终根据他内化的价值来行事	泛化心向	是一种在任何特定的时候都对态度和价值体系有一种内在一致性的心向	随时准备根据事实修正判断和改变行为
		性格化	强调一组态度、行为、信念或观念的内在一致性	形成一种始终如一的人生哲学

3. 动作技能领域

动作技能领域目标指从某些肌肉和动作的技能和能力角度进行的分类陈述。它包含知觉、定势、指导下的反应、机制、复杂的外显反应、适应、创作等层次。

动作技能领域目标	释义	子维度	释义	举例
知觉	通过感觉器官觉察客体、质量或关系的过程	感觉刺激	刺激撞击一个或几个感觉器官	觉察到各种不同织物的手感差别
		线索的选择	辨认各种线索，并将它们与要完成的任务联系起来	通过机器运转声音，识别机器运转的毛病
		转化	在从事动作行为时，把知觉与行动联系起来	使音乐与舞蹈相匹配的能力
定势	为某种特定的行为或经验而做出的预备性调整或准备状态	心理定势	心理上操作某种动作行为的准备状态	知道布置餐桌的步骤
		生理定势	为做出动作行为，从感觉器官及身体上的准备状态	固定双手准备打字的位置
		情绪定势	根据有利于做出动作行为的态度，来确定的准备状态	渴望熟练地操作机床

续表

动作技能领域目标	释义	子维度	释义	举例
指导下的反应	学习者在指导下表现出的行为	模仿	感知他人从事某种行动的直接反应而做出的行动	根据示范表演舞蹈
		试误	尝试各种各样的反应,并选出适当的反应	通过各种尝试,确定打扫房间的先后顺序
机制	已成为习惯的习得的反应			从事手工缝纫的能力
复杂的外显反应	个体能够从事相当复杂的动作、行为,技能已经被掌握,能进行得既稳定又有效	消除不确定性	个体从事某一工作时,没有任何犹豫立即就有了工作序列的心理图像。对这个过程充满信心	操作吊车的技能
		自动化的操作	个体能够很轻松地和肌肉有控制地表现出精细协调的动作技能	演奏小提琴的技能
适应	改变动作、活动以符合新的问题情境的要求			通过改变已知的舞蹈能力和技能,形成一种新的现代舞蹈
创作	根据在动作技能领域中形成的理解力、能力和技能,创造新的动作行动、行为或操作材料的方式			创造一种现代舞蹈

简单来说,教学目标就是心、脑、手三个层面对学习者在学习后达到的学习效果进行描述,以上表格中对三类教学目标的描述非常专业化,主要供大家了解、参考使用。在日常的教学目标描述时,尽量选取通俗易懂的词汇来描述教学目标中要完成的任务及完成水平。

综上，一个合理的学习目标的设定需要首先经过绩效目标的检验，找出那些可以真正帮助解决绩效问题的目标，接下来，再确定要达成这样的绩效目标，在知识分享活动中要完成的学习目标，这才最终将绩效目标转化成为可实现的学习目标。俗话说，好的开始是成功的一半，科学的学习目标的确定，为后面的学习内容开发，以及学习内容的结构搭建指明了方向。

最为简单有效的学习目标设定方法就是"ABCD"法，即从四个基本要素入手：对象（Audience）、行为（Behavior）、条件（Condition）和标准（Degree）。A 即"行为主体"（Audience），也就是目标学习者；B 即"行为"（Behavior），即目标学习者应做什么，目标表述句中的谓语和宾语；C 即"条件"（Condition），就是上述行为在什么条件下发生；D 即"程度"（Degree），即上述行为的完成程度。将确定好的 ABCD 串联成一句完整的语言表述，就完成了学习目标的编写。

第四节
"一目了然"的学习内容拣选

图 2-16　知识拣选

这个不想舍,那个不能弃,知识点筛选是难题!

一、选择很难，选择知识点更难

对很多人来说，做选择为什么如此艰难？因为他们总是为了选择而选择，而忽略了选择背后的目的。我们忘记了选择的初心，就势必落入两难的境地，这也想要，那也想要。要实现有效的知识点拣选，其实只需要两步走，第一是要罗列出所有要参与拣选的知识点，第二是要以本次学习活动的学习目标为指导，选择出适合本次学习的知识点，并进行排序。拣选的这两步，看似简单，但在实操中，知识分享者挑选相关知识点时，往往觉得这也有用，那也有价值，这个学会更好，那个学了也有帮助。如此纠结下来，学习内容很可能变成知识的堆砌，而不是有效的问题解决技能。于学习者而言，所有内容都浅尝辄止是很难真正有益于未来行为改变的，会出现舍本逐末的情况。因此我们需要将逻辑分析过程简单化、可视化，看见全局才能思考全局，借助视觉的力量，构建全局思维，才能建立全局观的视角来系统地安排学习活动。有两个可视化视觉拣选工具可以帮助知识分享者实现这一目标，if then 句式和内容拣选矩阵，当你能够高屋建瓴分析全部知识点时，选择将不再是难题。

在选择知识点的时候，首先要进行两项选择：第一项是知识点内容的选择，第二项是讲解深度的选择。

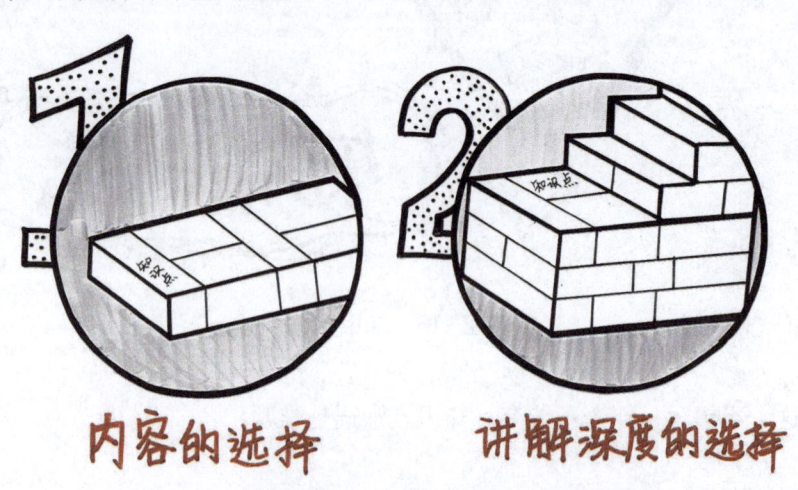

图 2-17 选择知识点要考虑内容和讲解深度

首先，内容选择一定要基于绩效目标。

在实际操作中，建议大家利用 if then 句式帮助自己明确知识点：

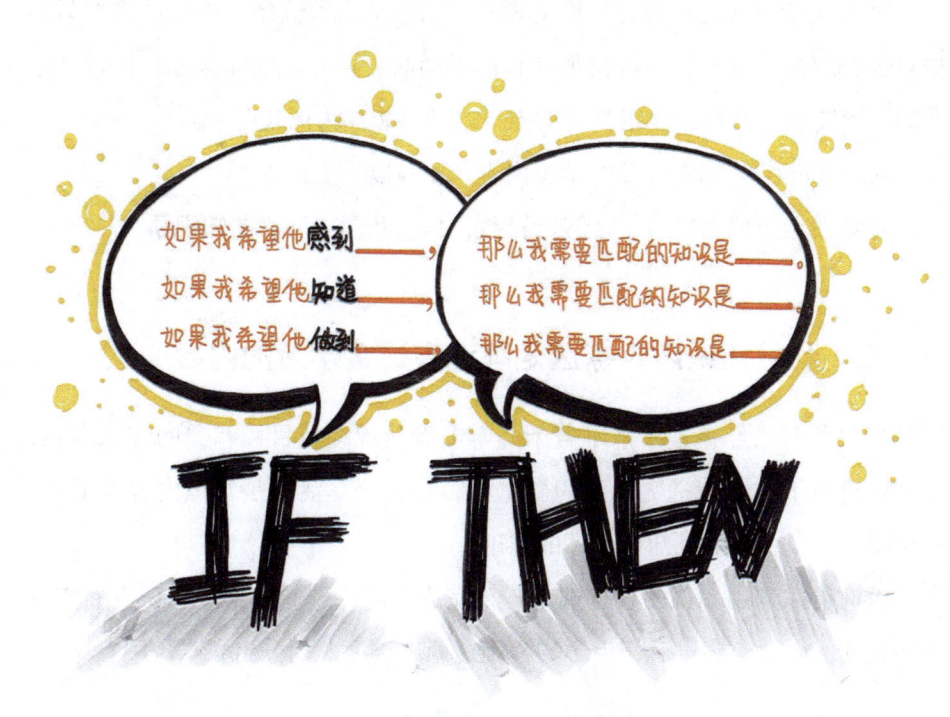

图 2-18　if then 模型

> 利用 if then 句式可以帮助自己明确知识点。

如果我希望他达成＿＿＿（绩效目标），那么我需要匹配的知识是＿＿＿。

在学习内容开发过程中，绩效目标的表现形式通常有三种。

态度类：如果我希望他感到；

知识类：如果我希望他知道；

技能类：如果我希望他做到。

如果我希望他感到施工安全管理十分重要，那么我需要让他知道在过去的 5 年中同类型的施工项目安全事故带来了哪些重大的损失。

如果我希望他知道正确的出差报销流程是什么，那么我需要让他明确报销规则、知晓线上线下两条报销途径，以及报销过程中的特殊情况处理。

如果我希望他能够在客户面前做一段清晰的自我介绍，那么我需要教给他自我介绍的三种方式，教会他在台前讲话时，声音、肢体该如何协作，以及通过鉴赏名人的自我介绍学习增强自己话语影响力的技巧。

练一练：结合你要开发的学习内容，填写以下空白处。

如果我希望他达成＿＿＿（绩效目标），那么我需要匹配的知识是＿＿＿。

二、利用知识内容拣选矩阵选择适合学习的内容

如果此时已经梳理出来了若干与学习者达成绩效目标有关的知识内容，该如何进行下一步筛选呢？我们要重申，知识分享活动是知识内容有重点、有逻辑的整合，绝不是知识无序的堆砌。

这时可以利用知识内容拣选矩阵来完成内容拣选。根据该知识点的实践难易程度，以及实践过后产生影响程度这两个维度，划分出4个象限。

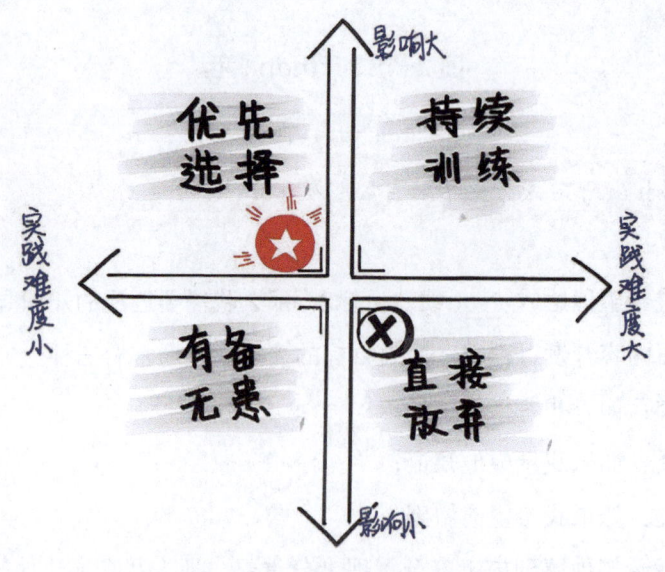

图 2-19　知识内容拣选矩阵

1. 实践难度小、产生影响大的内容——优先选择

这部分知识内容一定作为此次知识分享活动的核心，后期作业以及考核也一定要紧密围绕这个象限的知识内容展开。

2. 实践难度大、产生影响小的内容——直接放弃

如果这部分知识点在学习者应用过程中挑战极大，并且即便做到也不会产生大的影响，那就优先放弃这部分知识点。

例如背诵大段诗文、名人演讲稿可增强内训师的表达能力，这就属于典型的费功夫，但收效甚微的内容。因为内训师教学的成效一定是基于学习内容有价值，而绝不是口若悬河、出口成章。

3. 实践难度大、产生影响大的内容——持续训练

如果某些知识点，学习者操作难度非常大，但是产生的影响也很大，那应当是需要学习者进行长期学习的知识内容，或者需要依托多方面、多岗位的支持，甚至涉及学习者自身天赋的内容。这部分内容，需要进行持续的训练。

对于这部分的建议是：目标拆解、循序渐进。

可以将教学目标拆解成几个阶段，每个阶段讲授一部分内容，例如要求学习者熟练掌握某工作流程的全部技巧，可以转化成要求学习者在学习活动上能背诵全部操作流程，回到岗位中再慢慢体会所学技巧；下次再进行技巧性内容的学习，然后再回岗位实操，通过循序渐进的方式最终达成绩效目标。

例如在给企业管理者进行会议引导技术的培训时，在第一次知识分享活动中，将重点放置在引导流程上，然后给学习者两周的实操时间，让学习者们将课程中的所学应用在工作中，第二次知识分享活动中会讲解管理者作为

会议引导者时的听（倾听）、说（表达）、读（观察）、写（视觉化记录）技巧，集中学习结束后会要求学习者继续实践，第三次知识分享活动将重点体会作为会议引导者时的状态等。

4. 实践难度很小、产生影响小的内容——有备无患

什么样的知识点属于这个象限呢？比如说一些锦上添花的知识、方法、技巧，或者一些细枝末节的建议，这些内容知道更好，不学也不会对绩效产生负面影响。

这样的内容可以结集成册，提前或课后发给学习者让他们自行阅读。在知识分享的活动实操中，也有不少企业很喜欢这种提前阅读或集中学习后延伸阅读的方式。大家在知识分享活动中也可以准备一部分此类知识点，在知识分享活动现场出现进度过快导致内容不够的时候，此类知识点也可以用于添补空缺时间。

通过知识拣选矩阵，我们完成了内容拣选漏斗的第四个步骤，适合分享的知识终于被提炼了出来，接下来要做的就是将合适的知识组合成有逻辑结构的知识分享活动了。

练一练：结合你要开发的学习内容，将以下知识拣选矩阵补充完整。

优先选择	持续训练
有备无患	直接放弃

第五节
看得清才能校得准——结构化的学习纲要搭建

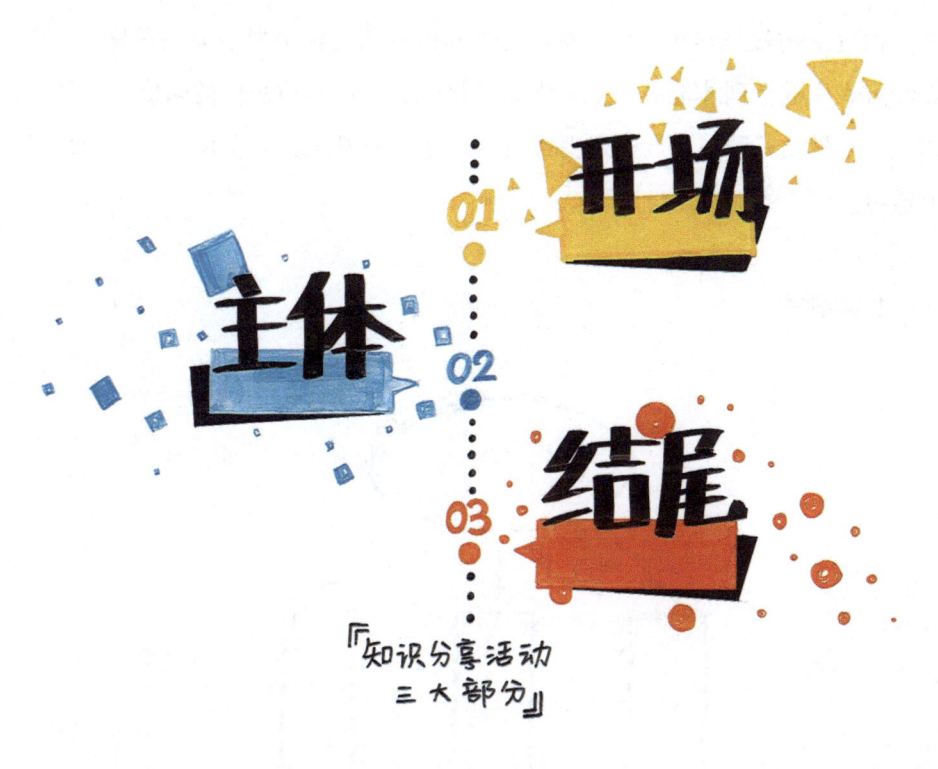

图 2-20　知识分享活动三大部分

经过内容拣选漏斗前面四个步骤的筛选,已经将适合学习的内容筛选了出来,接下来就到了最后的知识结构化组合环节。基本上所有的知识呈现都会包含三个部分,即学习活动的开场部分、主体部分和结尾部分。开场部分主要包括破冰环节、自我介绍、学习目标和主要内容的介绍;主体部分,即核心知识点的分享和学习;结尾部分包含本次学习内容的总结回顾、未来的行动计划、感性升华等。主体部分的理解和掌握程度直接决定了本次学习活动的效果,因此,主体部分知识点的设计要使内容的组织更符合学习者的学习习惯,更容易接受和记忆就成为重中之重。

一、内容结构选定

内容结构就是本次知识分享活动中知识点的逻辑排列结构,零散的知识点经过有序的排列才能更好地为学员所接受,从而形成总体的印象。下面介绍大家常见的三种知识点排列逻辑结构,这三个逻辑结构基本涵盖了 90% 以上学习主题中的知识点设置。

1. 并列式

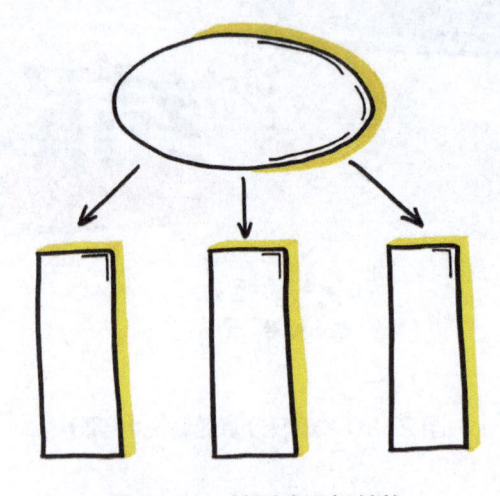

图 2-21 并列式逻辑结构

学习内容之间不交叉、不重复，相对独立，每个部分内部自成体系。

例如《高效能人士的七个习惯》的课程中，学习核心内容为 7 个部分。

习惯一：积极主动

习惯二：以终为始

习惯三：要事第一

习惯四：双赢思维

习惯五：知彼解己

习惯六：统合综效

习惯七：不断更新

2. 流程 / 时间结构

图 2-22　流程 / 时间逻辑结构

按照流程、步骤或时间线索来排布学习内容。

例如《销售七步法》

（1）让客户知道

（2）让客户明白

（3）让客户信任

（4）让客户动心

（5）让客户选择

（6）让客户放心

（7）让客户决定

3. 3W：why-what-how

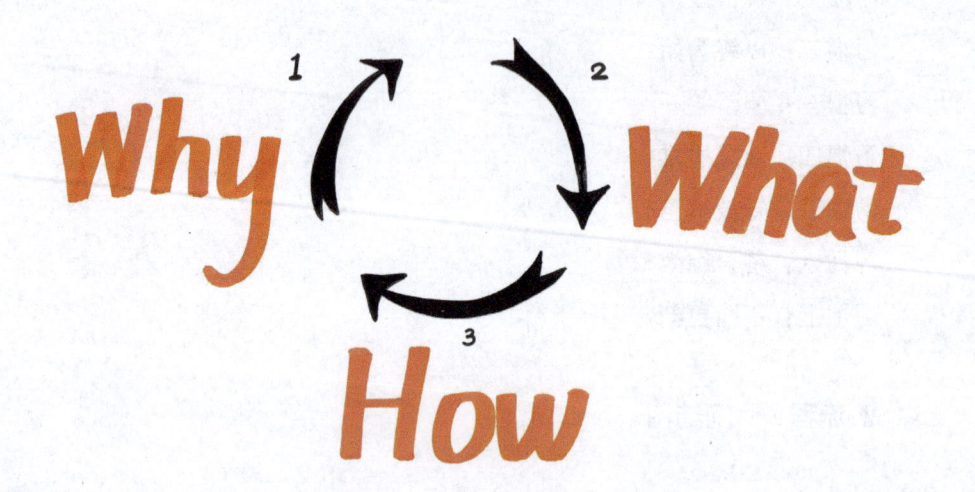

图 2-23　why-what-how 逻辑结构

学习者在理解和接受一个新知识时最为常见的思维模型。

例如《非暴力沟通》

（1）为什么需要非暴力沟通

（2）什么是非暴力沟通

（3）非暴力沟通的基本步骤

步骤一：观察

步骤二：表达

步骤三：需要

步骤四：请求

三种模式可以自由组合，甚至同时运用。例如，大的结构可以用 why-what-how 结构，在 why 的部分可以用并列的方式来排列原因，而在 how 的部分可以按照流程结构来组织内容，学习内容可以根据需要灵活进行组合和运用。

练一练：结合你要开发的学习内容，选择一种内容结构填入其空白处。

并列式

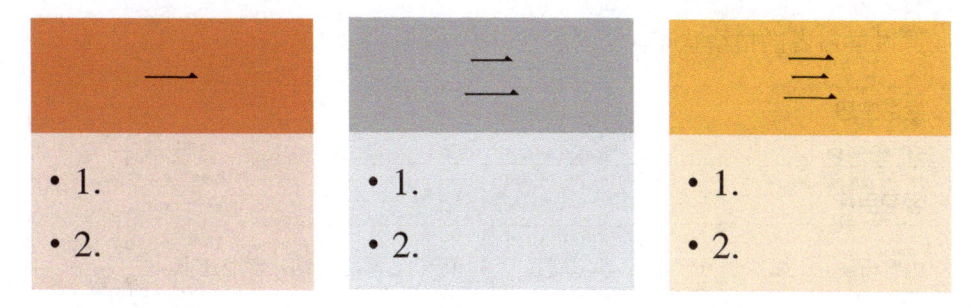

一	二	三
· 1. · 2.	· 1. · 2.	· 1. · 2.

流程式

1 → 2 → 3

3W

二、大纲编写

在搭建完结构后，就可以转化成更清晰、简明的知识分享活动大纲，一场全面的知识分享活动必须要综合考虑学习的内容、时间、学习活动、学习工具及学习者的情绪状态。

学习主题					
目标学习者	2022年入职的新员工		学习时长		2小时
学习目标					
内容模块	模块学习目标	学习时长	知识点	学习活动	教学工具	学习者情绪状态
开场	破冰、建立链接；自我介绍；学习内容简介	10分钟		积极自我介绍	A4白纸、签字笔	兴奋、注意力集中

模块学习目标：应用布鲁姆的学习目标设定方法，界定某一模块知识点的掌握程度及学习目标。

学习时长：某知识点的学习时间设置。学习时间安排可借鉴美国培训大师鲍勃·派克（Bob Pike）提出的"90、20、8"原则。

图2-24 "90、20、8"原则

90分钟，是一个成年学习者在听课时可坚持的最长时间，也就是每90分钟要休息一次。20分钟，是一个重要知识的CPR（C-content P-participation R-review），即某一知识点有内容的讲解、学习者充分的参与、内容回顾的循环，通过这样一次循环，才能让学习者对这个知识点深入理解。8分钟，是成年学习者持续听讲的注意力集中时长，8分钟后注意力很容易被转移。90分钟、20分钟、8分钟环环相扣，学习的每一分钟都需要精心设计。

知识点：关键学习内容，详细撰写，以便配置合理的学习活动。

学习活动：根据知识点进行匹配，考虑到前面提到的"90、20、8"的原则，学习活动一定要丰富多样、动静结合。

教学工具：根据学习活动需要，匹配需要用到的工具或材料。

学习者状态：在完成此阶段培训时，学习者可能的情绪状态。这些学习状态可反映学习者在此时的学习投入度。将学习者的情绪状态也考虑进来是为了综合地考虑授课的方式、选取的学习活动等。理想的学习者情绪状态应该是伴随着学习内容的推进，呈现波浪状起伏，让学习者一直处于兴奋、愉悦的氛围中。

练一练：结合你要开发的学习内容，将以下课程大纲补充完整。

学习主题						
目标学习者			学习时长			
学习目标						
内容模块	模块学习目标	学习时长	知识点	学习活动	教学工具	学习者情绪状态
开场						

大刘生气了

　　大刘是公司的车间主任，因为业务能力强、表达能力突出，被选进了公司的内训师团队，成为了公司内训团队的一员，这一直是大刘的骄傲，但因为学习者绩效提升不显著，大刘从课前调研、内容选择、学习内容设置、学习活动安排等处仔细推敲，还是不明白为什么效果不理想。大刘特别委屈、生气。

　　大刘的课堂出现了问题，学习者几乎每次都迟到，不到最后一分钟坚决不出现，一副不情不愿、无精打采的样子，课上也频繁地看手机，不参与学习活动。大刘就想不明白，每次学习内容都经过前期调研，都是大家必须要掌握的重点，是自己精心准备、优中选优的经验分享，明明都是应该学习的内容，为什么大家不想学？

　　由于学习者学习热情不高，大刘就打算通过放慢学习节奏，多次强调练习来让大家掌握重点内容。即使大刘付出了全部的耐心，学习效果依然让人头疼。大刘心里不是滋味，他开始怀疑自己，到底是自己能力不行，还是这届学习者太难带？

　　尽管学习活动开展得如此艰难，但有几个学习者总是能给大刘带来安慰，学习考核成绩都在90分左右。大刘心想，总算能给公司一个交代了。可是，在课后跟踪回访的过程中，大刘发现，情况并不乐观，这些考试成绩比较优秀的学习者，在实际操作过程中的表现却让人大跌眼镜。会学、会考但是并不会用！大刘实在想不明白了，为什么有用的知识仍无法吸引学习者投入学习？为什么讲过的内容记不住？

第三章

用视觉之锤震撼学习神经

第一节
学习真的发生了吗？

随着时代不断地发展，管理理念和人才观念不断进步，对于员工的培养是每一个组织负责人都会关注的话题。知识分享活动也安排得更为灵活、短小、高频，不再拘泥于传统的培训。与此同时，"培训无用论"也充斥其中。培养员工带来的绩效提升似乎并不直观，学习时热热闹闹，学习后安安静静，很快恢复到原有的工作状态，学习活动带来的改变似乎从未发生。我们不难发现，学习活动确实是出了问题。而这些问题归结为：没有真正地让学习发生。那么什么才是真正的学习呢？广义的学习是指人与动物在生活过程中凭借经验产生的行为或行为潜能相对持久的变化。人的学习是一种有目的的、自觉的、积极主动的过程。人有主观能动性，可以积极主动地构建自己的知识结构，这就要求我们在学习活动中能够调动人的主观能动性，主动地参与到自己的知识建构中来。

为什么我们组织了一次次的学习活动，而学习却没有真正发生呢？

某次，某位知识分享者在分享自己的经验，他口若悬河、滔滔不绝，沉浸在自己过去的成功经验带来的自豪感中，而学习者却面无表情，昏昏欲睡。这就是最为常见的学习形式，虽然我们一直宣传"以学习者为中心"，但事实上在这种学习活动里主角是知识分享者，学习者更像是观众。这种学习活动的弊病简单概括为"二少、三无能"。

二少：学习者体验少、团队交流少。三无能：氛围调控无能、知识移植无能、迁移转化无能。

先来说说"二少"。

图 3-1 学习者体验少

在学习活动中，知识分享者处于主导地位，学习者的体验少且单一。

图 3-2 团队交流少

学习者之间、学习者和学习内容、学习者和知识分享者碰撞出的群体型学习是不会发生的。

回想一下我们的求学生涯。老师在上面讲，我们要做的就是坐好认真听。从小到大的学校教育似乎都是如此。单一、刻板、无聊，大脑可以随时随地神游天外，这也正是绝大多数学生无法喜爱课堂的原因。当然，我们不能盲目否定这种学习方式，从某种角度来说，这种授课形式传递出的信息量是最大的。然而此种方式并不适合所有学习主题，尤其是商业或社会组织中的学习活动，大部分是为了适应岗位需要而开设的技能操作类的学习和实际问题分析解决的学习。仅靠类似课堂上的知识灌输，就必然走向学习活动无用论的境地。试想一下，在一次新版客户管理系统如何使用的学习活动中，仅靠演示和说明来梳理知识要点，学习者必将一头雾水，不知所云；一堂新产品销售策略的课程，仅靠知识分享者的口吐莲花般的讲解想必也是毫无技能提升作用。如果知识分享者仅仅把学习活动当作炫技的舞台或一味填鸭，发生连接的就仅仅是知识分享者和学习内容而已，那么就无法避免学习者成为淡漠的观众。

相较这种传统的讲授式学习，学习者更喜欢能够多元参与融入的体验式学习。说起某次学习活动中的体验，学习者们总会被瞬间带回到学习过程的回忆中，激发这种回忆的正是体验式学习所激发的情绪情感记忆。情感比理性的知识更优先被存入记忆中，也就是说带有情感的知识更容易转化为长期记忆，更容易作为记忆提取的标签，帮助记忆提取。知识分享者的任务之一就是利用在学习过程中的互动，激发情感，将其与知识混合形成的信息共同存储进学习者的记忆中。其中最常用的互动技巧就是很多人都容易忽略的小组内研讨与小组间交流。

小组讨论是一种非常好用的学习活动，第一，操作简单，说清楚规则即可；第二，出于对集体荣誉的追求，学习者参与热情较高；第三，所需时间可调控，"内容不够、讨论来凑"虽然是句玩笑，但却真实地反映了小组讨论时间控制自由度较大的特点。事实上，小组式学习最大的裨益在于加强了学习者之间的链接，彼此的脑力激荡和情感激发促进了学习的发生。

图 3-3　互动技巧——组内研讨与组间交流

三无能：氛围调控无能、知识移植无能、迁移转化无能。

1. 氛围调控无能

图 3-4　氛围调控无能

如果询问学习者，学习活动中知识重要还是学习氛围重要，相信你一定会听到知识更重要的答案。但事实却是，没有轻松愉悦的氛围很难激发起学习者对知识主动获取的积极性。

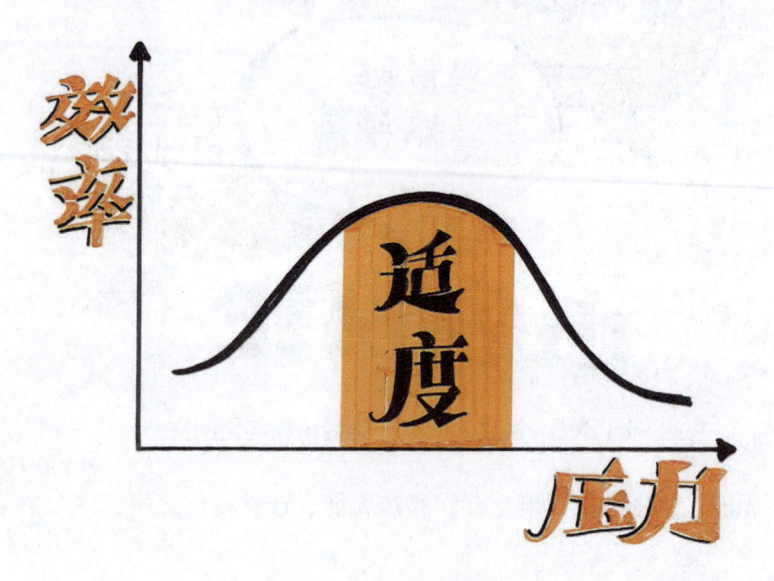

图 3-5　压力曲线

压力曲线告诉我们，适当的压力可以激发潜能，提高效率，过大或过小的压力则无助于目标的达成。

成人在学习中需要适度压力，而适度意味着压力的范围要控制得当，这就需要一定的调节手段，学习活动中最有效的压力调节手段就是学习的趣味性，太多组织希望他们的知识分享者专业严谨且风趣幽默，这种幽默并不在于知识分享者本人是否自带笑点，而在于他是否有能力活跃学习气氛，令学习者在愉悦的情绪氛围中进行学习。因此，学习氛围调节能力强弱也成为判断一个知识分享者是否称职的标志之一。

图 3-6　知识移植无能

2. 知识移植无能

　　知识分享者的价值在一定程度上也体现在学习者成长的速度上，即学习者将知识应用于实际工作中的速度和程度。然而许多知识分享者仅仅将知识分享活动视作知识的搬运，一次又一次地进行内容复制：从知识分享者处复制，于学习者处粘贴。即便是成功地复制了全部知识内容，能给学习者的实际工作带来的帮助也是十分有限的。如果将一次学习活动视作知识分享者将知识移植给学习者的一次过程，此时必须关注一个最重要的问题：知识的移植成活。就好像植物的嫁接移植，仅仅将新的枝杈移植到植物体上并不代表移植的成功，新的枝杈生长发芽才是成功的标志。拥有知识并不代表熟练运用知识，所以知识的成功迁移，不是知识的复制，而是知识在学习者脑中的嫁接移植。

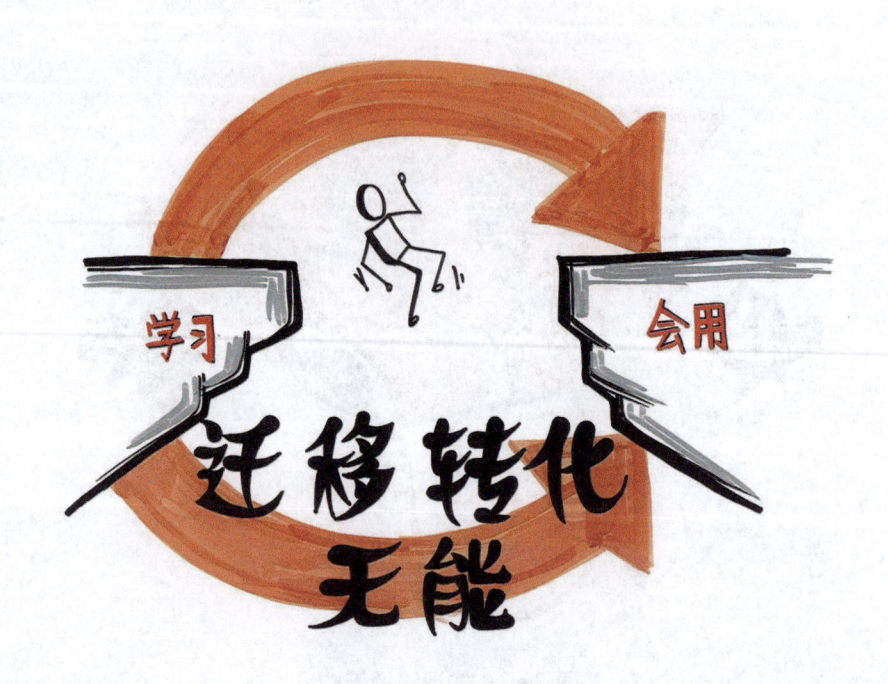

图 3-7　迁移转化无能

3. 迁移转化无能

学习的最高境界：学以致用。造成大多数学习无效的原因正是学不致用。之所以会出现这样的问题，可以从两个阶段来分析。第一阶段在于学习内容，学习者所学知识并不直接与应用场景链接，自然会出现无效学习的情况；第二阶段在于学习活动，知识分享者的教学手段只能触发"学"发生，但并不保证"会"，学与会之间有了鸿沟，何谈致用？此时摆在知识分享者面前的课题是如何聚焦学习者的应用场景，并设计有效的教学活动引领学习者将知识快速迁移至实际应用中。

无论是体验、交流少还是调控、移植、迁移的无能，其中共同的原因并不在于知识、技能缺乏针对性，而在于传递手段过于呆板和单一，无法吸引学习者投入到学习活动中，没有充分地调动学习者的全部感官，激发他的主观能动性。回想一下我们长久以来的学习活动，均以听觉型学习为主要方式，而我们的其他感觉器官，尤其是占信息收集主角地位的视觉，一直以来被忽视，一旦你尝试用视觉化的方式来辅佐、激发、促成学习，你会发现这些问题都被迎刃而解。

第二节
用视觉化的方式激发学习动机

知识分享者们一直都很重视学习动机激发，一般在学习活动开始时都会用各种方法来激发学习动机，并借助被激发起来的学习动机，帮助学习者们进入学习状态。但是课程内容开始一段时间后，千篇一律的讲授，很快就将学习动机能维持的良好学习状态消耗殆尽。所以，我们更加应该关注的是如何让学习动机长时间地维持，以便给予学习者更多的内心动力，使其坚持完成长时间的学习，并最终达成学习目标。视觉催化的引入就是解决这个问题的一种有效途径。

图3-8　让学习活动内容更具趣味性

即使再枯燥的学习内容，知识分享者若能借助合适的工具，也能提升其趣味性和可参与度。例如，让学习者用绘画的形式表达自己的想法或回答某个问题，对学习者来说更加新颖有趣，更重要的是激发学习者个人的独立思考，使其得出自己的结论。能让每个学习者都在学习活动中积极参与进来，不就是我们追求的吗？笔者曾多次在不同学习活动主题的教学活动中利用手绘的形式，无一例外地，学习者们都高度集中注意力思考并完成自己的作品，学习者们的创作往往都很富有想象力和童趣，在交流分享中，笑声不断。潜移默化中，学习就这样完成了。

图 3-9　提升学习者的自我效能感

自我效能感在实现学习目标的过程中起着重要作用。它影响学习者参加学习活动的持久性，激发和维持达到学习目标的意志力。提高学习者的自我效能感，可以通过要求学习者形成适当的预期来实现。设想未来更好的自己，也可以引发学习者更高的成就动机。例如，在学习开始阶段让学习者设想一下，本次学习结束后，学习者可能产生的变化，给他的工作、生活带来的积极影响；又如，在学习活动结束时，小组创作集体作品，畅想学习内容被应用到实践中产生的正面收益等。借助视觉催化工具，学习者大脑中形成的画面将被固定下来，可以长期保存，这就增加了学习转化的可能性和绩效提升的机会。

图 3-10　共同参与提升学习动机

共同参与，可有效提升学习动机、触发学习兴趣。

人作为社会群居动物，自我认知的大部分来源就是自己在社会群体中扮演的角色。团队学习活动相较于个人学习活动，可以激发更多的思考、交流，更有利于学习氛围的创建和学习转化，学习活动中的小组讨论形式已被大部分知识分享者认可和广泛采用。但仅仅采用讨论的形式，小组成员的共同参与和思考的程度是非常有限的，如果能再加入一些共同参与的动手环节，相信对于学习活动目标的达成，必将是事半功倍的。例如，藏宝图活动，就是小组内部利用不同的知识碎片（提前绘制好，根据小组数量撕成几份），经过讨论，共同拼接成一个完整的知识体系的活动，借助组员手中的知识碎片，大家在研讨和拼接中，共同完成一个任务，不仅完成了学习，也促进了彼此更加紧密的伙伴关系。

下面，分享两个用于激发学习者学习动机的视觉催化活动。

【二维漫画】

图 3-11 二维漫画

例：在某公司内部讲师训练课程中使用，此活动包含学习者个人介绍、学习者未来分享的主题、目前遇到的困境、希望在此次学习中的收获等信息介绍。

活动目的：建立学习者与学习主题、学习者与学习者的链接

所需道具（物料）：A4纸、彩笔

操作流程：

1. 每位同学用一张A4纸沿中线对折，将A4纸分成四个部分；

2. 结合自己对学习主题的认知，在A4纸上绘制对本次课程的理解、期待、存在的疑惑、印象深刻的经历等（内容可根据需要自行设计）；

3. 学习者间互换漫画并猜测对方想表达的意思；

4. 小组内或全体学习者内进行分享讲解。

作用解读：

该方法通过绘画的方式引导学习者对学习主题进行主动思考与精练表达；

学习者主动思考，知识分享者在这个过程中并没有提供意见或表达任何立场，学习者所有的表达都是基于自己的思考、经验以及期望；

学习者精练表达，学习者们的绘画表达能力与语言表达能力相比显然是后者更强，所以当知识分享者要求大家用绘画的方式进行表达时，学习者势必会将想表达的内容尽可能精简。

而主动的思考与表达能够令学习者产生、强化学习动机，激发学习的主观能动性。

【画廊寻游】

图 3-12　某课程中关于学习主题的海报

活动目的：将学习主题理念快速传递至学习者

所需道具（物料）：学习主题相关标语、图画、照片等，无痕胶泥或美纹胶带

操作流程：

1. 在室内张贴几张和学习主题有关的，但观点各异的海报，海报间要保持适当距离；

2. 学习者在室内进行浏览，并在认同或喜欢的海报前站好；

3. 所有选择同一幅海报的同学围成一个圆圈，围绕对这张海报的认识与理解进行交流；

4. 也可以进一步就姓名、部门或学习期待等（可根据学习需要自己拟定）进行交流；

5. 每个小组选派一位代表将本小组讨论的成果在全班进行分享。

作用解读：

叔本华曾说过："人们最终所真正能理解和欣赏的事物，只不过是一些在本质上和他们自身相同的事物罢了。"

所以在学习理念与学习动机的层面，引领学习者选择一句认同的标语或一张欣赏的图片，是强化他们自身学习意愿、激发学习动机的有效方式。

无论海报上是图片还是文字，都有效激发了学习者的视觉感官，从而对他们的大脑进行了有效的激发。同时，学习者们能够站立并走动起来参与的学习活动，就变成了大脑与身体共同参与的有氧运动，身心同步激活，而学习者之间的相互交流，也将为学习场域的建立打下良好基础。

第三节
视觉助力知识移植和迁移转化

图 3-13　知识移植

成功移植的必要条件是学习者能够将所学知识存放到长期记忆区，并在需要时可被成功地提取。

知识分享活动不是简单的知识复制，而是知识在学习者脑中嫁接移植。虽然讲授式的教学通过短时间内的高频高压重复讲解，令学习者产生貌似很强且深刻的短期记忆，但回归工作情景或有新的知识继续传输进来，就会掩盖销蚀掉这些内容的印象，在工作中的实践与应用也就无从谈起了。这就使学习活动中：知识分享者完成了移入知识的动作，却没能令其在学习者脑中成功地成活运作。

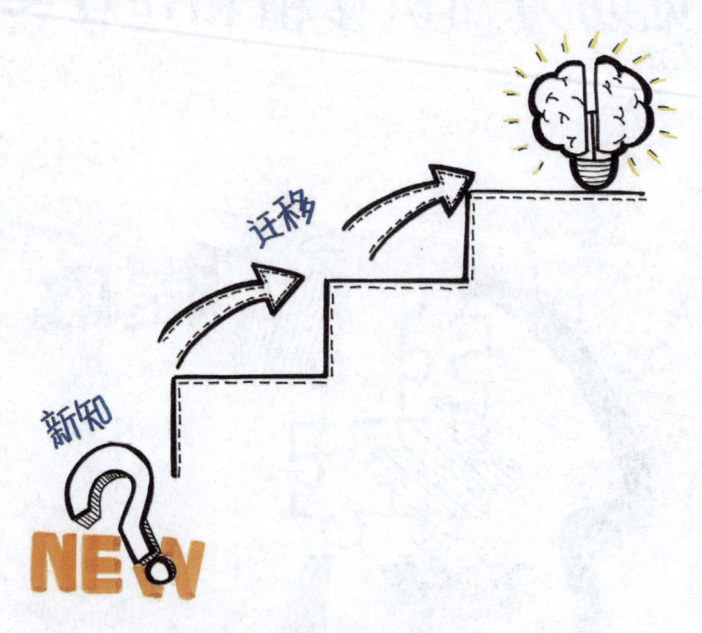

图 3-14　脚手架原理

知识分享者要想成功地将知识迁移到学习者头脑中，可遵循"脚手架原理"。"脚手架"（Scaffolding）一词是由社会建构主义学家布鲁纳（Jerome Bruner）在20世纪的70年代提出的，这个理论是以维果茨基（Lev Vygotsky）的"最近发展区"理论为基础和模板。布鲁纳曾在"脚手架"理论中指出："学生不是被动的知识接受者，而是积极的信息加工者。"如果我们把知识分割成阶梯状，他们不喜欢别人把他们抱到一个阶梯上，而更感谢你引领他们自己迈步上一个台阶或为他们提供一根迈步的拐杖。视觉催化作为这样一个引领或拐杖帮助学习者深入理解、记忆知识点，更便捷地在记忆中提取知识点。

在知识移植中最为常用的视觉催化方式就是视觉隐喻。隐喻,《现代汉语词典》中解释为比喻的一种,比喻的事物同被比喻的事物之间的关系比明喻更紧密。隐喻不仅是一种修辞手段,更是一种思维、认知方式。是通过寻找事物之间暗含的相似性来获得启发的思考形式。借助视觉隐喻的手段,视觉催化教具中的图像与学习内容间产生了更加紧密的关联效应。很多人误以为只要在学习活动现场出现图画就等于应用了视觉催化,其实不然,这些图像一定不是莫名其妙地出现在学习活动中,而是巧妙地与学习活动主题或相关知识点融为一体,这些图形、图像的使用能帮助更好地吸收知识或促进思考。这种关联其实就是我们所说的视觉隐喻。

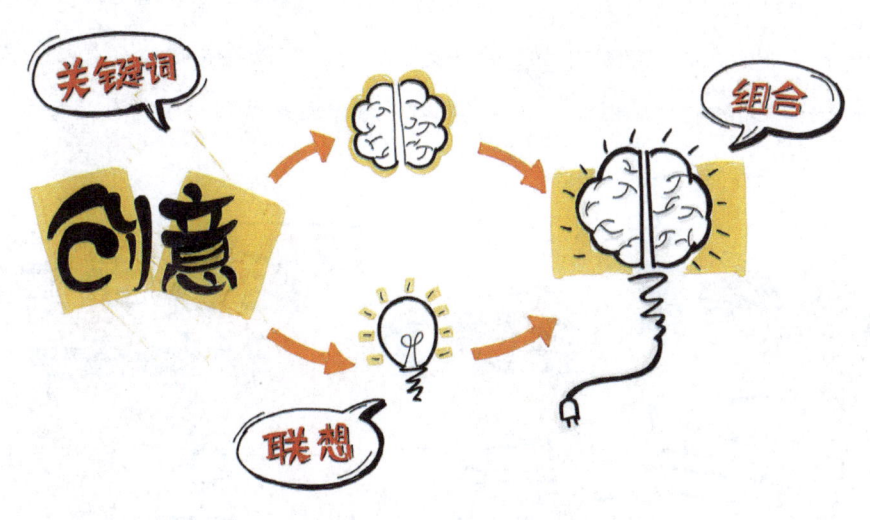

图 3-15　视觉隐喻

做好视觉隐喻,首先要找到关键词或关键内容,以关键词或关键内容为核心展开联想或想象,联想就是寻找与这个关键词或关键内容有关的常见图形或图像,如说到"创意"这个词,大家普遍会想到点亮的灯泡;想象是根据关键词或关键句的含义,将多个视觉元素进行组合、创造,形成全新的图形或图像。

图 3-16 "思想自由"

如说到"思想自由",不难联想到大脑、翅膀等一些元素,这些元素都很难单独表达"思想自由"的含义,这时就可以将它们组合起来,形成一个带翅膀的大脑图像,这样的图像就能更好地体现关键内容的含义。

图 3-17 如何做好视觉隐喻

做好视觉隐喻的关键,一是要多积累,在日常生活中多观察、多思考,尤其要关注事物之间的关系。二是要多练习,对于一个关键词,要尽可能多地联想或想象相关的图像,即便当下的视觉催化教具中或视觉场域打造中没有用到,也可以积累起来,逐渐形成一个自己的视觉词典。这才是提高视觉呈现能力的关键。三是要结合学习者的认知水平，找到合理的隐喻。视觉催化式是将学习内容以视觉化的形式传达给学习者，帮助学习者达成学习目标。隐喻是对学习活动信息材料的重构，通过对核心要素的凸显，挖掘其本质特征，再进行二次加工，而加工的基础是要以学习者可理解的形式来传递核心内容，这样才能达成有效的知识传递。在学习活动前对学习者进行深入调研和了解，对于隐喻图像的设计是非常重要的。

【图像排序】

图 3-18　学习者对授课步骤排序发表见解

图 3-19　学习者对授课步骤排序发表见解

例：不同小组的学习者对于授课步骤的排序发表见解。

活动目的：通过引导学习者对多张图像含义及整体业务流程进行猜测，即对图像排序进行猜测，加深学习者对每个步骤的理解和整体流程顺序的记忆。

所需道具（物料）：各步骤隐喻图像（上面不要有明显的排序提示文字）

操作流程：

第一步，学习者分组讨论图像所代表的步骤含义并排序；

第二步，各组分别展示排列的图像顺序，并进行讲解；

第三步，知识分享者对正确排序步骤进行讲解；

第四步，请学习者将各组的排序调整正确。

作用解读：引导学习者进行积极的猜想，正是培养学习者进行知识发现和记忆的良好开端，促使学习者积极参与学习的过程，主动地获取知识。隐喻图像既可以激发学习者多角度思考，同时也可作为学习者记忆和记忆提取的有效线索，并使记忆过程兼具趣味性，提升学习者理解和记忆的效率。

【智慧对对碰】

图 3-20　学习者正在将某个核心知识点粘贴在知识交流海报上

活动目的：使学习者通过互相学习，加强知识记忆并加强学习者间的链接。

所需道具（物料）：便利贴、笔、空白海报纸。

操作流程：

第一步，请学习者将自己认为是核心的知识点或认为有难度、希望其他学习者能给予讲解的知识点写在便利贴上；

第二步，将写好的便利贴粘贴在墙上空白的海报纸上；

第三步，请学习者选取海报纸上的任一便利贴，并回答上面的问题（此环节，可以让学习者选取自己会回答的问题，也可以随机选择）；

第四步，选取结束后，可邀请几位学习者宣读便利贴上的问题，并给出答案；

5. 如海报纸上仍有未被领取的便利贴，知识分享者可对便利贴上的问题进行解答。

作用解读：

单纯的知识复习难免枯燥，而且学习者很难发现自己的学习有遗漏的部分，而张贴浏览的方式则能令学习者全面地回顾一下重点知识并发现自己的知识遗漏，给出问题而非答案的过程让学习者又一次进行了知识提取，学习者不会在知识浏览的过程中发现遗漏的部分，通过知识提取才能查漏补缺。而且这种方法并不需要知识分享者做太多额外的教具及内容准备工作，不失为一种简单且高效的方法。这种方法还可以根据学习活动需要进行调整。如学习者人数多，可调整成以小组为单位进行。

第四节
视觉构建全局观

图 3-21 视觉构建全局观

晴朗寂静的夜晚，当你抬头仰望星空，能否一一辨识出那些星星呢？你一定会觉得这很困难。我们智慧的祖先在眺望星空时，是将星空分成若干被称为星宿的区域，西汉司马迁《史记》中《天官书》详细记述了中官、东官、西官、南官和北官五个天区的情况。西方的先贤们同样创造出了我们所熟知的星座。可见，将复杂、凌乱的事物进行分类整理是人类共同的特点，同时记住这些星宿的位置都是依靠它们之间的相对位置，正是有了对星空的整体认知，才能保证每颗星星能够被正确识别出来。

在每次的学习活动中，也会有大量重要但杂乱的知识点，对于大多数学习者而言，最容易出现的学习障碍莫过于以斑窥豹。当掌握甚至只是接触了某个知识点后，会深陷其中，或误以为其已经代表了多数内容甚至全部内容，太多学习者只能记住部分零散信息，而在头脑中没有形成整体的逻辑结构，在迁移工作场景时，他们会发现，零散的知识与记忆并不能有效地帮助他改变行为、达成绩效。

对于知识分享者而言，既要保证分享内容能够有效传达重要的知识点、还要实现帮助学习者的理解、记忆，也就是帮助学习者将新知识建构到已有的知识图式中，即帮助学习者对新知识进行逻辑编码，帮助他们找到适合存放新知识的长期记忆区域。

视觉全景图能有效地帮助知识分享者和学习者从纷繁的知识点中跳脱出来，站在学习内容的宏观视角来看待本次学习的总体逻辑架构，当学习者对学习的内容有了全局的认识，未来的应用也会更加得心应手。同时，学习内容被视觉化后，所有的学习者看到的信息都是相同的，再结合课程中知识分享者的讲解，使学习者学习内容从不同维度理解，帮助学习者更好地吸收学习内容。

视觉感官对于信息的接收量是所有感官中最大的，从整体到局部的信息都能实现有效接收，有助于解决以往学习中过度陷入知识点（细节）的问题。

此时，为了更好地帮助学习者理解并记忆整体，我们利用视觉全景图对众多的知识点进行梳理、组织、结构化、排序等，降低复杂性、增强整体感，帮助学习者抓住学习主题的整体逻辑架构和核心知识点，再结合知识分享者的细致讲解学习每一个知识点的具体内容。这就有效地弥补了学习活动中多页PPT造成的知识点零散的问题。

要绘制一张对学习内容提纲挈领的视觉全景图，除了要抓取逻辑框架和核心知识点外，还要兼顾学习者"读图"的习惯，也就是要遵循人视觉认知的一般规律。

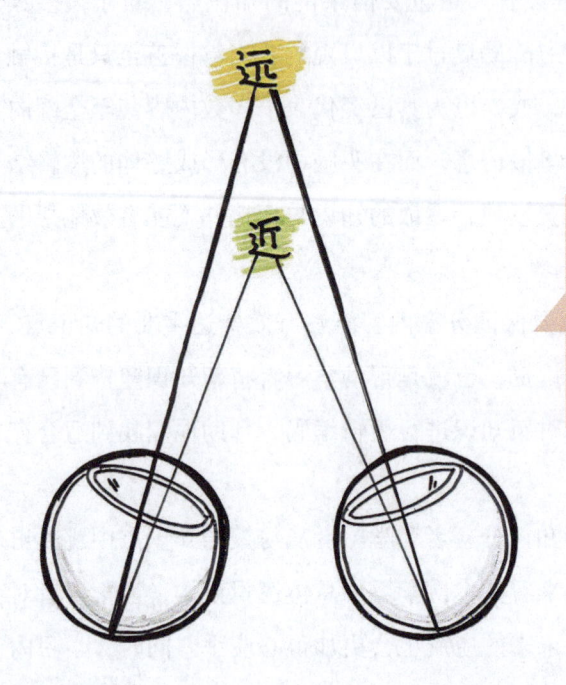

> 人是有两只眼睛的，但它们只能形成一个焦点。因此，在同一时间，人的视知觉路径只有一条。

图 3-22 人的视知觉路径只有一条

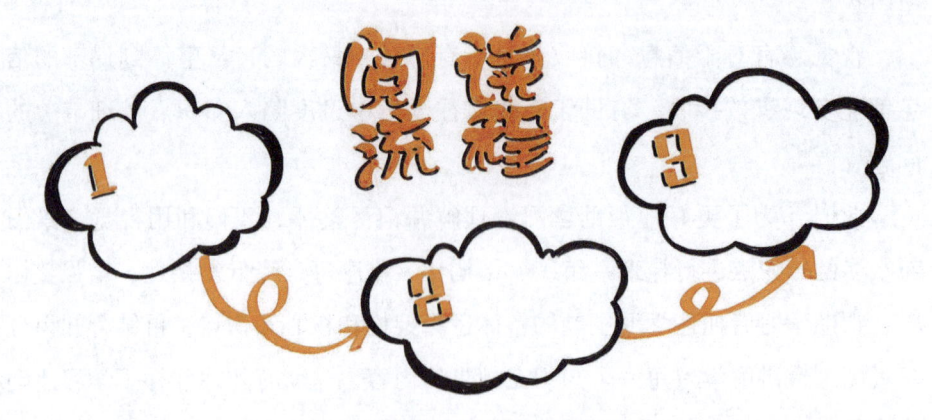

图 3-23 阅读流程

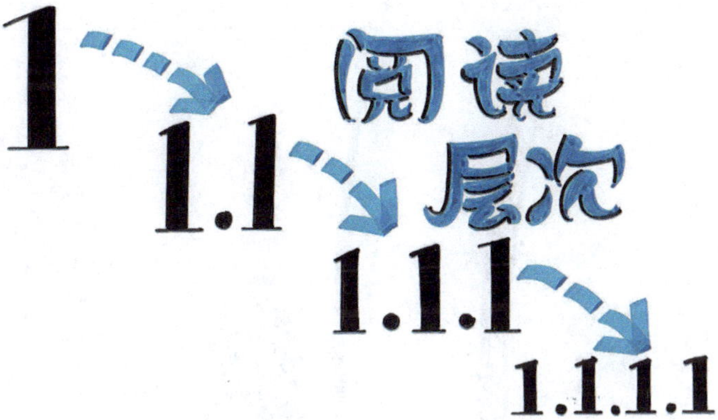

图 3-24　阅读层次

在进行学习内容视觉化设计时需要考虑两个维度：空间与时间。空间维度体现视觉阅读层次；时间维度体现视觉阅读流程。

学习者在浏览视觉全景图时一般不会仔细阅读每一个词，而是快速扫描和选择相关信息。人都偏好简约和结构化呈现的内容，要让信息能够被快速地识别，需要在视觉空间维度上对信息进行加工。一是将学习内容归类分组，这就像在记忆手机号码时，总是会将 11 个数字分成 3~4 个数字一组，整个电话号码又分成 3~4 组进行记忆。二是模块学习内容标题要清晰，以便学习者迅速地识别模块的核心内容，将散碎的知识点简化、整合。三要通过图像或文字的大小，体现出清晰的层级结构，帮助学习者清晰地识别每一层的信息而又不会遗漏重点内容，一般越重要的内容图像和文字越大，颜色更容易被识别。这样就在视觉识别时，可以优先被识别到。

视觉流程是视觉对信息感知的顺序化过程，也就是"读图"的顺序。视觉流程要符合人认知过程的心理顺序和思维的逻辑顺序。常见的视觉流程有八种，分别是从上到下（图 3-25）、从左到右（图 3-26）、从大到小（图 3-27）、中心辐射（图 3-28）、向心汇聚（图 3-29）、同形导向（图 3-30）、同色导向（图 3-31），数字导向（图 3-32），箭头导向（图 3-33）。

图 3-25　从上到下

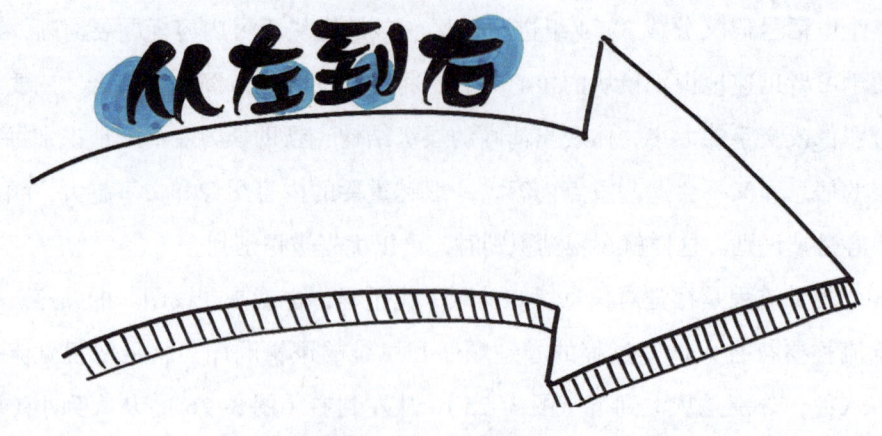

图 3-26　从左到右

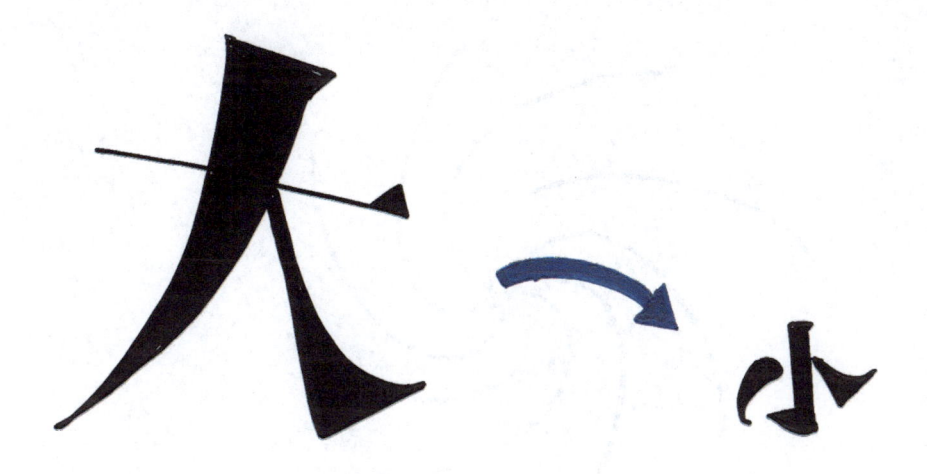

图 3-27 从大到小

图 3-28 中心辐射

图 3-29　向心汇聚

图 3-30　同形导向

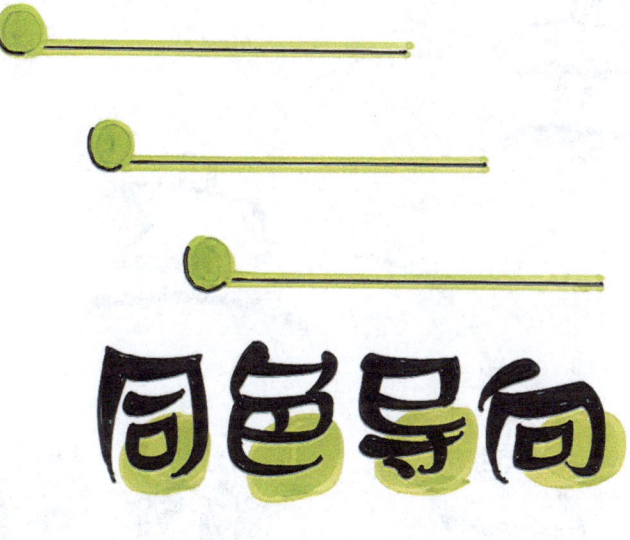

图 3-31　同色导向

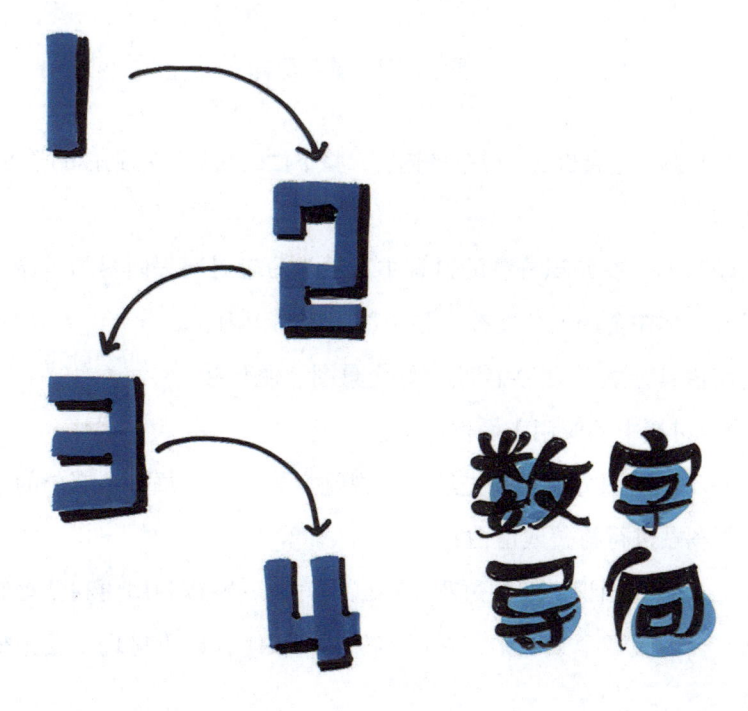

图 3-32　数字导向

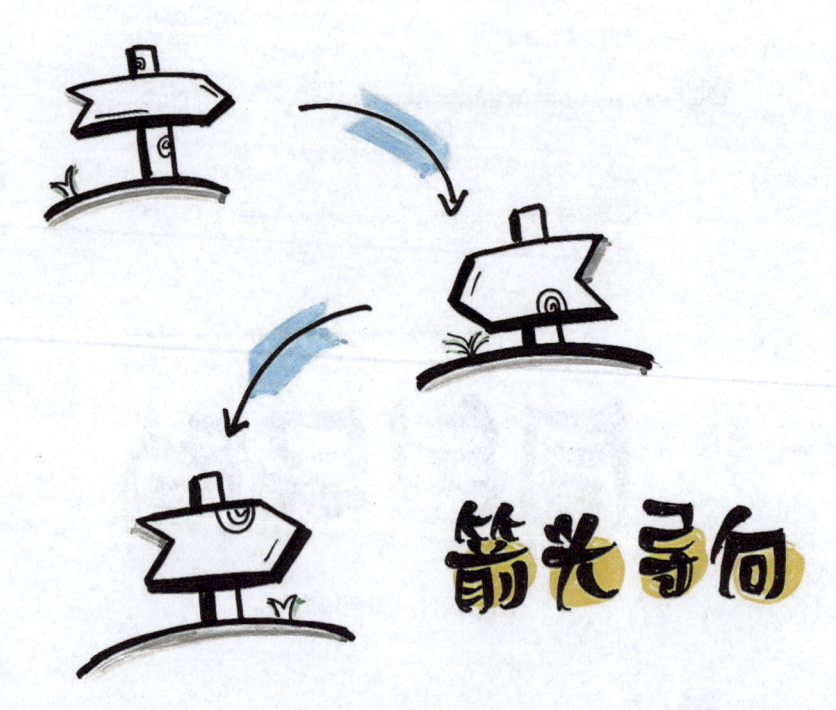

图 3-33　箭头导向

写写画画：结合自己要分享的内容，将下面的活动应用到你的学习活动中。

活动 1

活动目的：在知识分享的过程中帮助学习者对课程内容的整体逻辑架构进行理解，站在全局的角度补全各个部分的知识内容。

所需道具（物料）：提前绘制好全景图、便利贴

【内容讲授中的应用】操作流程：

第一步：知识分享者预先绘制好视觉全景图，将每一个部分的重要知识点利用便利贴进行掩盖或留白；

第二步：在知识讲解的过程中不断揭开便利贴或利用便利贴写好知识点粘贴到空白的视觉全景图中，在内容分享结束时，即可呈现一幅完整的视觉全景图。

活动 2

活动目的：在知识分享的最后阶段，站在全局的角度回顾知识的整体逻

辑结构，补全各个部分的知识内容，帮助学习者对课程内容更好地理解和记忆。

所需道具（物料）：提前绘制关键知识点留白的全景图、带有关键知识点的便利贴。

【总结回顾中的应用】操作流程：

第一步，知识分享者将绘制好的视觉全景图的关键内容便利贴部分或全部取下；

第二步，将写有知识点的便利贴随机分散至各小组或学习者；

第三步，在回顾环节组织大家将手中的便利贴粘贴到正确的位置上。

作用解读：

在学习过程中，对知识全局感的建立，应当是贯穿学习活动的始终，绝不应该只出现在学习活动的结尾处，视觉全景图作为整个学习活动的指引地图，除了帮助学习者找到自己当下的位置和未来的前进方向，更能提供给学习者一种安全感，帮助学习者将更多的注意力留在当下。以上两种方式，能够令学习者带着全局理解部分，使学习更为系统有效。

图 3-34 至图 3-36 为笔者课程中的案例，仅供参考。

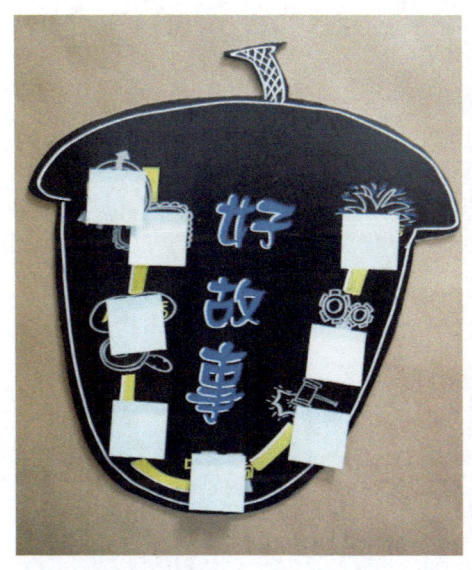

图 3-34　好故事打造课程全景图（一）　图 3-35　好故事打造课程全景图（二）

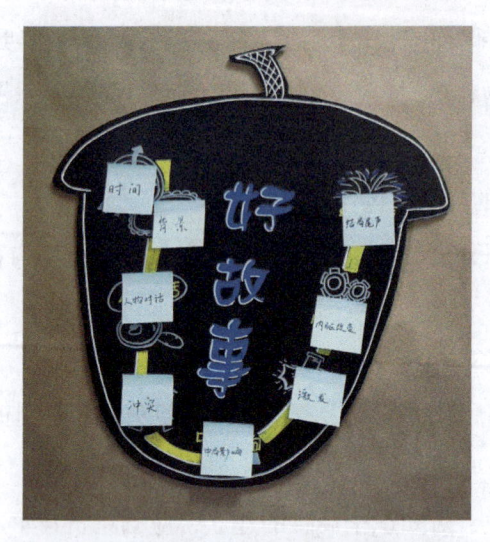

图 3-36　好故事打造课程全景图（三）

你的学习活动

李老师的秘诀

作为知识分享者，细节并不决定我们的成败，但学习者的感受与体验一定被"细节"时刻影响着。

我是李凤仪，一名职业培训师，截至2022年，我与讲台结缘有13年了，这些年来也和不少需要做知识分享的伙伴交流过经验，关于细节的这句话，是我最希望他们能有所体悟的。

有3年多的知识分享经历，我们必然会积累大量的分享技术与技巧，但对于行家里手来说，对技术技巧的界定，一定会有更微观的视角。总会有伙伴犯愁：为什么我强调的信息他们把握不住呢？为什么我希望他们开口呼应的内容却无人响应呢？为什么我反复强调的那些容易混淆的知识点却仍旧被记录得一塌糊涂呢？这正是细节没有做到位所带来的一些遗憾，它不仅仅是学习者能具体听到看到的东西，比如遣词造句、课件图文、教具筹备等，我更看重的细节是眼神与语言的配合、肢体动作的引导、口语表达的节奏、恰当的沉默及恰当的语言构建的画面感等。

而这细节处理的秘诀却往往在于视觉二字，因为我认为：细节永远会被看见，有些不被眼睛看见，用语言构建的画面同样会被每位学习者用心看见。

第四章

别忘了，你才是最有价值的视觉工具

第一节
语言构建画面感

虽然本书中一直在致力于辅导大家学会借助视觉思维、图像等手段简化组织学习活动的难度并提升学习活动的效果,但不可否认的是,在常见的学习活动中,传递知识含量最大的手段仍然是知识分享者的讲授。一般来说,一个普通人正常说话的语速是 100~200 字每分钟,一般都是 150 字左右的说话速度。心情激动、欢快紧张或兴奋时能达到 200 字以上。作为一个普通的知识分享者,如果能控制好自己的状态,假设语速控制在每分钟 180 字,他开展一场 2 小时的学习活动,就要说出 21600 字,这远超过学习者能在教室里看到的各种吸引他的教具上的信息量。因此,我们在任何时候都不能忽视语言在学习中的作用,同时,我们也不要将视觉和语言割裂开。语言也是视觉思维和视觉工具的重要部分,借助语言构建画面感,能更好地帮助学习者达成学习目标。

一、你可以"听见画面"

"踏花归去马蹄香"的故事相信大家一定不陌生,在这句诗里,"踏花""归去""马蹄"都是比较具体的事物,容易体现出来;而"香"字则是一个抽象的事物,用画面来展现出"香"气,在我们看来几乎是不可能实现的。用鼻子闻得到可用眼睛却看不见,而绘画是用眼睛看的,所以难于表

图 4-1 踏花归去马蹄香

现。在这场命题绘画比赛中,最终胜出的这一幅,蝴蝶追逐马蹄,使人立即联想到马蹄踏花泛起一股香味而引来蝴蝶。这幅画能如此成功也正是利用了人的"联想"和"联觉"。联想不必多说,联觉又是什么呢?联觉指的是对一种感觉器官的刺激引起了另一种感觉器官的感觉。简单来说就是,五种感官之一的兴奋激起另一种或几种感官的同时反应。所以,我们能实现"听见画面"也就不足为奇了。

"听见画面"其实就是通过语言在人脑中打造画面感。在语言表达中,靠数据、图表、文字、逻辑,可以把问题说清楚,但用不了几分钟就会让听众走神,因为它无法触及情感、打动人心。固然调动了左脑更容易让人去思考、分析、判断，甚至会让人去质疑，而如果能够唤醒人的右脑，同时让他产生画面感，会让人印象深刻，左右脑兼顾自然学习也就事半功倍。

二、构建语言的画面感

既然"听见画面"更有利于学习活动，我们如何才能做到构建语言的画面感呢？

1. 两多一少，去虚留实

两多一少即多名词、多动词、少形容词。去虚留实即用实词、去虚词。

让我们一起来看看下面这幅画，并试着用语言描述给你的同伴，再问问他，通过你的描述他能否想象出画面。

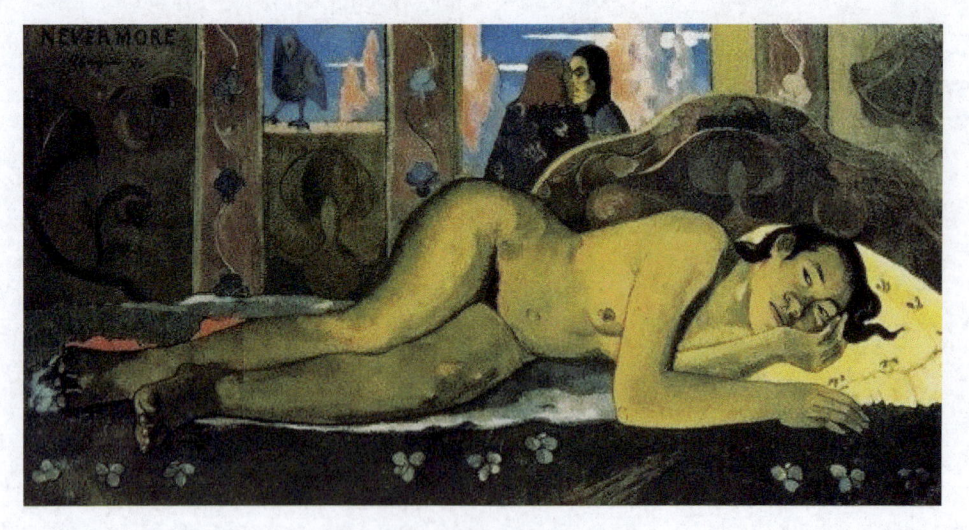

图4-2 高更《永远不再》

这幅画是著名画家高更的《永远不再》。你看到这幅画时会如何用语言描述给其他人呢？也许你会说，画面上有一个躺在床上的裸体女人，这幅画的整体色彩是阴暗的，给人感觉很阴郁。此时，听见你描述的人，也许能想象出一个女人躺在床上，却很难想象出这个女人的神态、整体色调等。我们来看看张爱玲对这幅画的描述。"一个夏威夷女人裸体躺在沙发上，静静听着门外的一男一女一路说着话走过去；门外的玫瑰红的夕照里的春天，雾一般地往上喷，有升华的感觉，而对于这健壮的，至多不过三十来岁的女人，一切都完了。女人的脸大而粗俗，单眼皮，她一手托腮，把眼睛推上去，成了吊梢眼，也有一种横泼的风情，在上海的小家妇女中时常可以看到的，于我们颇为熟悉。"看了张爱玲的描述，如果你没看过这幅画是不是也能八九不离十想象出画面？她在这段描述里没有使用过多的形容词和虚词，而是具体翔实地描述，构建了画面感。在学习活动中，需要讲述的往往是非常枯燥的知识，而内部专家往往容易出现"知识的诅咒"，即他们一旦掌握了某种知识，就很难与他人分享这些知识。造成这种情况的主要原因正是他们对相关知识讲解时不够具体，不够翔实，不够形象，让学习者难于理解。

2. 恰当的喻体 = 画面感 + 轻松的理解

在以下两项描述中，您认为哪个选项和精准二字更贴近呢？

A：专业的解析与翔实的数据

B：切身的感受与真实的画面

也许，对于知识分享者来说，我们会追求 A 选项；但对于学习者来说，他们内心的精准二字却属于 B 选项。那么最完美的状态也许是，在研究知识内容的时候必然要遵循 A，但是在分享知识的时候，我们绝不能忽略 B。

来看这样一个案例，当提到港珠澳大桥的宏伟壮阔时，有一些数据不可忽视，比如桥梁工程部分的用钢量重达 42.5 万吨。我们必须明白引入这组真实精准的数据是为了什么，如果目的是说明这项工程宏伟壮阔，只用选项 A 的方式做描述，就远远不够了，这时可以试着用另一种说法：桥梁工程部分的用钢量重达 42.5 万吨，这个数字意味着什么呢？它相当于 6 座埃菲尔铁塔的重量。

相信对于部分读者来说，听到这段内容时，脑海中一定同步展现了相应的画面，但这只是部分读者能有感受的，更有效的方式是，预先了解学习者的生活背景或学习经历等基础信息，然后用他们更了解的喻体来打比方，假如将以上内容描述给北京的学习者，更有效的表述是：桥梁工程部分的用钢量重达42.5万吨，这个数字意味着什么呢？它接近于十个鸟巢的建筑用钢量。

知识内容是否容易被理解，喻体很重要，恰当的喻体更重要。

3. 避免使用过多的专业化语言

专业术语往往比较精练，但同时也比较抽象。抽象的语言会比较枯燥，很难懂，缺乏吸引力。而具象化的语言，相对来说会更有吸引力。人的大脑发展都是经历了从具象思维到抽象思维的过程，进入成年以后虽然建立了抽象思维能力，由于各类专业知识储备比较有限，在学习活动中高频使用专业术语，仍然会造成学习困难，降低学习效果。

比如说，你试图让一群家庭主妇了解冰箱是怎么制冷的，下面的解释如何？

冰箱的运行原理是"由蒸发器将冰箱内的热气抽取出来"。随着热气被抽取出来，于是水蒸气携带着热气附着在蒸发器上，然后慢慢凝结成霜，从而形成绝缘体。这时，蒸发器就需要使引擎加速转动，才可以弥补由于结霜而造成的绝缘后果。

如果将上面的这些语句稍微改动一下，是这样的：

你们都了解冰箱里放肉的冷冻抽屉，也都清楚冷冻抽屉里经常结霜。而且这些霜会越结越厚，最后就一定要把它清除才能保证冰箱的制冷效果。冰箱内所结成的霜就好像床上铺的毛毯，又好像房屋墙内用来绝热的石棉。一旦冰箱内的霜越来越厚，热气便越来越难以抽出来，冰箱也就越来越难以维持冰冻状态。此时，冰箱的发动机就必须要更费力气才能抽出热气。如果你的冰箱有自动除霜设备，冰箱也就能使用得更久。

相信第二段表述一定会更吸引你把这段枯燥的知识看完。简短而又容易理解的语句才能让学习者有耐心把复杂的知识学完，并内化为自己知识体系的一部分。

4. 注意节奏，给大脑构建画面的时间

"春风得意马蹄疾，一日看尽长安花"这句诗在学习过程中是不可能成立的，因为大脑需要时间去接收信息、理解信息、重构信息，最终会构建起一幅幅画面，但当我们没有足够时间，这个过程势必会打折扣：接收不全、理解不深、重构混乱等。所以在传递知识信息的过程中，要注意节奏，留给大脑充分的加工时间。同类别信息间、重点内容前后、提问时都需要注意控制节奏、明确停顿。

首先，同类别信息间要注意停顿，比如"我们在某项工作中，要高度关注三项指标：A、B、C"。假设我们没有在 ABC 间通过控制节奏、放慢速度来明确区隔开它们，学习者的大脑便无法分解开这个三个信息，学习的效果自然不佳，这就是很多人总是把信息混淆、漏记的一个原因。

第二，重点内容前后均要注意停顿，比如"如果我们希望提高××完成率，那么必须做到的是——控制××指数"。在这句话中，我们强调的重点是"控制××指数"，大脑对重点的处理，就像小朋友准备绘制一幅作品一样，要单独准备纸张，所以需要在"控制××指数"之前控制一下节奏，留给大脑"准备纸张"的时间，讲完之后也不能立刻讲解后面的内容，要给大脑留出一个自我回顾的时间，就好像小朋友在作品完成后总要仔细端详一样。所以，重点内容要想强调到位，一定要做到前后留白。

第三，提问时也要停顿，同时建议的做法是，请先让学习者接收到"知识分享者要提问了"的信号，再进行提问。比如，"伙伴们，有一个问题需要大家思考：我们为什么此前没有关注过××现象呢？"在这句话当中，冒

号前就是提问的明确信号，后面才是问题本身，如果希望学习者能够清晰地接收问题，那么必须让他们做好接收的准备，所以冒号处需要明显的停顿。而提问后，学习者大脑需要时间思考、构建，所以也需要一些耐心，用停顿来等候大家。

第二节
善用肢体语言

《现代汉语词典》中对于肢体语言（body language）的解释是指代替语言来表情达意的身体动作、面部表情。它主要包括手势、眼神、动作及姿态等。

著名的梅拉比安沟通模型认为，在沟通中，55%的信息是通过肢体语言传递的，如手势、表情等；38%的信息是通过听觉讯息传递，如说话的语调、声音的抑扬顿挫等；只有7%的信息通过语言传递。知识分享者的肢体语言也是学习活动心理场域的重要影响因素。例如，当知识分享者在不断地低头看手表时，教室里的学习者就会开始躁动，无法安心学习，并会猜想知识分享者接下来会有什么样的安排呢。这将完全打断学习者的学习状态，对学习效果的影响不言而喻。

肢体语言的暗示力量不容小觑。知识分享者的动作会影响学习者潜意识中的反应。

图 4-3　知识分享者邀请学习者分享时的肢体语言

图 4-4　知识分享者引导学习者分享的勾手动作

图 4-5　知识分享者点赞的姿势

例如知识分享者提出一个问题，希望学习者可以给出答案时，他的身体可以是前倾的，同时一只手做出邀请的姿势（图 4-3），当学习者开始回答问题时，知识分享者可以用手做出向自己身体方向引导的勾手动作（图 4-4），当学习者给出相对正确的答案或回答出关键点时，知识分享者可迅速将引导动作转化为竖起大拇指点赞的姿势（图 4-5），这一连串的动作，其实是在告诉学习者，他在期待学习者的回答，并引导学习者不断大胆地说出自己的答案，当答案正确时，给予学习者即时的鼓励。这些动作也许仅会持续十几秒甚至更短，但对学习者的心理暗示作用却可以极大地激发学习者的学习热情。

知识分享者良好的肢体语言离不开"稳""大""度"三字要诀。

图4-6　知识分享者肢体语言三字要诀

"稳"是稳重、稳定。
"大"是动作要大方、大气,避免小动作。
"度"是距离适度。

"稳",首先是站稳,避免身体倾斜、左右晃动。其次要走稳,知识分享者在教室是可以走动的,但这种走动,速度不宜太快,否则会让学习者感觉头晕,学习受到干扰。此外,走动的区域也不宜过大,"满场飞"同样会给学习者带来困扰。最后要声音稳,知识分享者的音量要根据现场需要进行调整,一般来说声音要比日常说话声音大,语速不要过快。既体现知识分享者的稳重自信,又能保证表达流畅,咬字清楚。第四要眼神稳,目光要稳定,与学习者有目光交流时,不要眼神游离、涣散,否则会让学习者感觉知识分享者心不在焉,或对学习者不够重视。

"大",一般知识分享者的躯体势能要大于手势势能,也就是说躯干传达信息的强度和可识别度大于手势传达信息的效果。例如当知识分享者在和学习者进行互动时，通常身体倾向学习者，这被视为一种接纳、加入学习者，期待学习者参与或给出反馈的表现。当互动环节结束，知识分享者开始讲授课程的核心知识要点时，直立的身体，作为一种信号，暗示学习者此刻应集中注意力到自己身上来，互动环节已经结束。在讲解时的手势动作自然，不夸大，不做作，不宜过多，应配合学习内容使用，当知识分享者需要用手指的时候，要用多个手指，最好是手掌，而不是单个手指，一定不要呈"手枪"状。避免出现一些干扰性的小动作，如把玩手中的麦克风、频繁眨眼、抖腿等，这些小动作会吸引学习者的注意力，对学习造成干扰。

"度"是知识分享者与学习者的距离要适度。姿势和站位提供了情感、意图及动机等沟通的讯息。姿势和站位虽然不像脸部表情或声音那么容易察觉，但也可能会因不断地变换姿势而被其他人察觉出内心的焦虑与冲突。一般来说，在讲解关键知识点时，可以选择在教室的正前方的中央或一侧；如果在学习活动中临时强调某重要知识点，可以选择站在教室的一个侧面位置，并邀请学习者全部转向知识分享者，此时再次分享的重点内容，一定会让学习者印象深刻。进行研讨活动时，知识分享者可置身于学习者中或给学习者温暖、友善的感觉。同时也要注意人际交往的安全距离，距离过近也会给学习者造成压迫感。相反，当知识分享者与学习者间距离被拉长，知识分享者面临的沟通情境会呈现"单向"的情况。

良好的肢体动作需要大家刻意去练习及应用，首先要放松心态，内心的紧张会导致肢体动作更为拘谨，可以通过反复练习降低紧张感。其次，可以将自己的知识分享过程录制下来，反复观看，纠正肢体动作中的问题，相信通过刻意练习及调整，知识分享者的肢体很快就可以成为学习活动中最灵动的视觉教具。

第三节
擅用视觉重器——PPT

PPT产生于信息技术不发达的1987年，那时，PPT作为提升效率的办公辅助工具，可以在有效的会议时间内，让一群难得聚到一起的人，更加系统和全面地了解重要信息。

三十多年后的今天，每个职场人对PPT都不陌生，那么PPT到底是什么？

• 对于一个管理者而言，PPT是一份工作汇报吗？

• 对于一个知识分享者而言，PPT是一份知识内容全面的参考资料吗？

显然不是！

• 管理者需要通过PPT演绎工作价值。

• 知识分享者需要通过PPT强调要点，帮助学员理解抽象的知识，并提供更好的记忆渠道。

PPT从诞生之日到今天，**其功能核心始终是在追求"表达"和"理解"的效率。**

中国的古人其实也具备了这样的智慧。鲍超是曾国藩手下的一员大将，咸丰九年（1859年）十二月，太平军与清军在安庆外围进行了一场激战。鲍超的兵马不到三千人，而对面的太平军却号称有十万大军，力量对比十分悬殊。鲍超被太平军围困，但是他不识字，他命令手下的师爷赶紧给曾国藩写信。形势危急，师爷早已是魂飞魄散，他手中的笔在不停地颤抖，心乱如麻，不知如何下笔。才写了几个字，又觉得不妥，将纸揉成一团抛掉重新再写，就这样反反复复写了好几次，也没有写好这封信。鲍超就站在师爷的旁边，见师爷写了老半天还没写成，急得跟火烧一样。他知道自己斗大的字不识一筐，只会写个鲍字。但他这时实在忍无可忍，走上前去从师爷的手中夺过笔来，一手将师爷推开，在桌上铺开一张白纸，写下一个老大的"鲍"字，在鲍字四周画下了十几道圈圈，然后将笔一掷，叫来士兵赶紧送到曾国藩的大营。曾国藩看到来信一边大笑，一边赶紧部署，马上发出了几千精兵直插太平军的后路，赢得了这场战争。鲍超的这封信其实就是一张成功的PPT，用最少的文字，最形象的图像，最大化地传递出了被围困的现状。甚至在没有讲解配合的情况下，就让曾国藩理解了其中含义。故事之经典，使其自清末流传至今。

时至今日，随着技术的提升，PPT特效越来越多，功能越来越繁复。技术工具，反而限制和蒙蔽了我们制作PPT的初衷。在学习活动中常见到一些知识分享者，PPT就是他的讲义，知识分享的过程就是对着PPT念稿，这着实降低了他讲解知识的难度，但学习者们也都哈欠连天，昏昏欲睡，毫无收获；还有一些知识分享者，可以在PPT中熟练地完成抠图、布尔运算等各种高级操作，甚至包括炫目的3D建模等各种特效，是名副其实的PPT技术派，每一页PPT都恨不得加上声音、特效等可以吸引学员的东西，但2小时的学习活动后，学员们都惊叹于PPT制作技术的高超，而忽视了真正的学习内容。

那么作为一名知识分享者，如何才能让自己的PPT更好地配合知识传递的需要呢？

第一，借助思维导图，搭建PPT框架，让PPT条理清晰。

PPT在展示每个知识点时是很有优势的，但是也容易让学习者陷入细节中，而忽视学习内容的整体逻辑架构，从而出现以点代面、以偏概全的问题。而这一点恰恰又是PPT自身的缺陷，2小时的学习活动，可能会需要几十页的PPT。在学习活动结束时，大部分学员只能记得开头和结尾的内容，至于中间部分的内容，已经忘记了，将几十页内容自行在脑中构建一个逻辑框架更是难度不小。因此，在本书中，提倡读者学习使用视觉全景图，以弥补 PPT 容易陷入细节的缺陷。这就要在 PPT 制作之初，借助思维导图这个视觉思维工具，搭建好学习内容的整体框架，尽可能地让 PPT 具备整体的逻辑结构，降低学习者的学习难度。

第二，"不过三"使 PPT 具备整体感。

不要超过三种颜色，不要超过三种字体。

常见的配色方式有三种：同类色、相近色、互补色。通常，我们会使用同类色，这是最简单的配色方法。它会让 PPT 整体看起来协调一致。同类色就是色相相同，但亮度或饱和度不同的配色。同色系用起来很简单，但看多了，会让人觉得单调。为了让画面更灵动活泼，可以加一些相近色。相近色就是指色轮上左右相邻的颜色，如黄色+红色、蓝色+紫色、绿色+黄色等等。如果你觉得这样色彩还是单调，就可以考虑使用强烈的对比色，也就是互补色。互补色是色轮上 180°相对的两种颜色，跳跃性强，所以对比明显，如黄色+蓝色、绿色+紫色、青色+褐色等等。也可以从图片中取色。切记不要使用饱和度过高的颜色。

不同的内容选择与之匹配的字体也是一门艺术，比如中国风的页面中通常选择宋体类字体；而微软雅黑、思源黑体这样的黑体类字体能够搭配不同风格、不同类型的 PPT。字体尽量不要超过两种，大小不要超过三种。为了让文字看起来更清晰，文字的常用配色是白底黑字、蓝底白字、灰底白字、黑底白字。

第三，页面信息简洁。

PPT 是用来实现信息的价值视觉化呈现的工具，是为学习者的眼睛服务的，因此页面信息要尽可能简洁。字不如表，表不如图。PPT 不是 Word 文档，所以不要让 PPT 布满内容，既抓不住重点是什么，又会让观看 PPT 的人失去耐心。

第四，注意画面中的版式平衡。

画面平衡其实很重要，一般是面积小的，颜色深；面积较大的，颜色浅。

核心是**清楚简洁**。突出内容的基础上，也要避免单调和重复。不同内容选择与之相匹配的排版方式。可以参考一些别人制作好的 PPT 模板，但切忌完全套用。

第五，相关的文字靠近，不相关的文字远离。

人在利用视觉吸收信息时，倾向于将靠近的物体看作一个整体。

关键内容字号要大，颜色要深，要保证最关键的内容在第一眼看到的时候就被抓取到。

```
亲密性原则

• 彼此相关的内容靠近在一起，就会被视为一个视觉单元，而不是每个孤立的
  元素。这有助于组织信息，减少混乱。                    段间距
• 利用亲密性原则，可以让页面内的信息排版疏密得当，内容有一种节奏感。

                 组间距
• 无关信息要远离
```

第六，慎用动画。

不要盲目添加动画，千万不要弄成野蜂飞舞，使信息铺天盖地四面八方而来；不要为了追求酷炫而做动画，动画是辅助，而不是为了炫技。动画的目的并不是动起来，而是引导视觉，引导思维，演示情节。

第七，过渡页必不可少。

如果你今天要乘坐火车开始一段漫长的旅程，在此期间，你一定会不止一次地查看自己经过了哪里，即将到达哪一站，还有多久到终点。在学习者的学习旅程中也是相似的。大家都会想了解此刻"我学到哪了""接下来学什么""还有多少内容"，这些都源自人对掌控感和安全感的需要，因此在 PPT 的每个知识点小节或章节处增加过渡引导页就必不可少了。PPT 不仅要

满足学习者理解知识的需要，还要满足学习者的心理需求。

写写画画

1. 假如你要为公司全员开展一次摄影常用技巧的知识分享，对比下面关于此次知识分享活动中有关相机中的光圈、快门、感光度部分的讲解文稿，选出你认为更合适的语言表述方式并说明原因。

表述 1

光圈、快门、感光度被称为曝光三要素，想拍出好照片，一定要把它们三个搞清楚！

光圈是镜头中控制孔径大小的组件。孔径指的就是镜头中的一个洞，这个洞的大小对于我们的拍摄有很大的影响，因为它决定着进光量。这个洞一般来说都是可大可小的。光圈一般以一个数值来表示，比如 F2.8、F8，也写作 f/2.8、f/8，或者 1:2.8、1:8。

这个数值是镜头当前的焦距除以孔径的商，由此可见当孔径越大的时候，分母越大，光圈值就越小。数字越小，光圈越大；数字越大，光圈越小。光圈越大（数值越小），表示孔径越大，这样单位时间内通过的光线也就越多，通光能力也就越强。可以这么说，在其他参数不变的前提下，光圈越大，照片越明亮，反之照片越暗。

快门是控制外界光线照射相机感光元件时间的一个装置，快门的作用是控制相机曝光时间的长短，由于曝光时间的不同，有些情况下拍出来的效果就完全不同。快门速度是按秒来表示的，比如 1s、2s、1/2s、1/4s、1/8s 等，分母越大，快门速度越快，反之快门速度越慢。快门速度越快，光线通过快门的时间就越少，画面就越暗；快门速度越慢，光线通过快门的时间就越多，画面就越亮。

感光度也叫 ISO，指相机对光线敏感程度，相机的感光元件感光能力越强，则感光度越高；感光能力越弱，则感光度越低。感光度是用直接数值来表示的，比如50、100、200、400、800等，感光度越高，画面就越亮；感光度越低，画面就越暗。

表述2

伙伴们，相机之所以能成像，是因为有光，照片的光控制得合适，是我们拍好一张照片的前提。

那相机控制好光有哪几个关键要素呢？这就是我们今天要分享的内容：曝光三要素【光圈、快门、感光度】。

我们暂且扔掉专业术语，来说一个我们比较熟悉的场景——一个房间进光的场景。用相机拍照时，当按下按钮那一刻，快门迅速打开，光就进来了，被传感器接收，分析成像，记录存储，拍照完成。

那我们就用这个房间模拟下进光的过程。首先，房间是没有灯的，因为相机内部也没有灯，然后这个窗户有窗帘，密闭性特别好。我拉开窗帘，然后，光进来，在相机内部经过复杂的处理，成像，窗帘拉上，快门关，拍照完成。

请问，是什么影响了房间进光的量？

答案很简单：

拉窗帘的速度（拉开再关上整个过程持续1秒，和整个过程持续1/2秒、1/4秒，进光的多少都不一样）；

拉开窗帘的大小（拉开一半和全部拉开，露出窗户大小的范围不一样，所以进光的多少就不一样，房间的亮度就不同）。

还和什么有关系呢？我们之所以能够看到物体，是因为什么呢？是因为有光照到了物体上，然后物体反射了光，进到了我们的眼睛里。那么不同物体因为不一样的材质、颜色等原因，所以它们反射光的能力不一样。像地毯就比墙面反射光的能力弱。所以房间的亮度和屋里的装修有没有关系呢？房间装修基调是深色而且非常吸光的材质，你们觉得这样整个房间对光线的敏感度如何？答案是大大降低了。那如果四周是白色亮面瓷砖，或干脆是镜子呢？整个房间对光线的敏感度将大大提高。

这就是曝光三要素：

光圈就是拉开窗帘的大小；快门是拉合窗帘的速度；感光度就是房间里面的墙壁、地面等装饰对光的敏感程度。

2. 请你指出以下 PPT 中可以进一步改善的地方。

•PPT制作技巧

- 第一，借助思维导图，搭建PPT框架，让PPT条理清晰
- PPT在展示每个知识点时是很有优势的，但是也容易让学习者陷入到细节中，而忽视学习内容的整体逻辑架构，从而出现以点带面、以偏概全的问题。而这一点恰恰又是PPT自身的缺陷，2小时的学习活动，可能会需要几十页的PPT。在学习活动结束时，大部分学员只能记得开头和结尾的内容，至于中间部分的内容，已经被忘记了，将几十页内容自行在脑中构建一个逻辑框架更是难度不小。因此，在本书中，提倡读者学习使用视觉全景图，以弥补PPT容易陷入细节的缺陷。因此这就要在PPT制作之初，借助思维导图这个视觉思维工具，搭建好学习内容的整体框架，尽可能的让PPT具备整体的逻辑结构。降低学习者的学习难度。
- 第二，"不过三"使PPT具备整体感
- 不要超过三种颜色，不要超过三种字体。
- 常见的配色方式有 3 种：同类色、相近色、互补色。通常，我们会使用同类色，这是最简单的配色方法。它会让 PPT 整体看起来协调一致。同类色就是色相相同，但亮度或饱和度不同的配色。同色系用起来很简单，但看多了，会让人觉得单调。为了让画面更灵动活泼，可以加一些相近色。相近色就是指色轮上左右相邻的颜色。如黄色+红色、蓝色+紫色、绿色+黄色等等。如果你觉得这样色彩还是单调，就可以考虑使用强烈的对比色，也就是互补色。互补色是色轮上 180°相对的两种颜色，跳跃性强，所以对比明显。如：黄色+蓝色，绿色+紫色，青色+褐色等。也可以从图片中取色。切记不要使用饱和度过高的颜色。
- 不同的内容选择与之匹配的字体也是一门艺术，比如中国风的页面中通常选择宋体类字体；而微软雅黑、思源黑体这样的黑体类字体能够搭配不同风格、不同类型的PPT。字体尽量不要超过两种，大小不要超过三种。为了让文字看起来更清晰，文字的常用配色是白底黑字、蓝底白字、灰底白字、黑底白字。
- 第三，页面信息简洁
- PPT是用来让信息的价值视觉化呈现的工具，是为学习者的眼睛服务的，因此页面信息尽可能要简洁。字不如表，表不如图。PPT不是Word文档，所以不要让PPT布满内容，既抓不住重点是什么，又会让观看PPT的人失去耐心。
- 第四，注意画面中的版式平衡
- 画面平衡其实很重要，一般是面积小的，颜色深，面积较大的，颜色浅。
- 核心是清楚简洁。突出内容的基础上，也要避免单调和重复。不同内容选择与之相匹配的排版方式。可以参考一些别人制作好的PPT模板，但切忌完全套用。

老张的困惑

老张作为部门的管理者，每年都肩负着带新人的重任，为组织培养新鲜血液，这对他来说责无旁贷，也是一种荣誉与肯定。每年，老张看着一批批的年轻员工经过他的培养，在工作中越来越游刃有余，非常欣慰。

今年8月，又到新员工入职季，老张像往年一样，开始精心地准备今年的学习内容。有同事问老张："年年其实都是那些内容，还有必要每年都重新备课吗？"老张说："知识内容其实不差什么，但是细节可大不相同了，每年的案例要及时更新，一些技术要求的具体细则也有细微的差别，甚至每年配的图片都可以有升级迭代的地方，我们是老员工和管理者，传帮带绝对不能'老'啊！"这就是我们的老张，每年都要反复修改，还会将实践中常遇到的问题一一总结罗列出来。他总说："要教，就要教干货，课堂上不搞那些浪费时间的花架子！"正是这种务实精进的理念，让老张长期稳居最受欢迎管理导师排行榜第一名的位置。但是最近出了件闹心事，让老张高兴不起来。公司新提拔的小李经理，获得了学习者们的一致好评，人气爆棚，大家纷纷评价小李老师的课堂特别丰富、有趣，学习过程不枯燥，而且神奇的地方是，大家居然能开开心心地把知识点都记住。

带着好奇和不甘，老张报名去听小李的课程，他想知道小李的成功秘诀。当天，老张在去学习现场的路上，就看到了学习主题及学习场地的路线引导图标和主题海报，在接近教室的时候，又听到了轻音乐。说不上为什么，听到这个音乐让老张本来略有些紧张的心情一下子放松了。进入学习现场，无论是茶歇区域的布置，还是签到的小环节，甚至是引领入位和桌牌都颇具巧思，半天听下来，老张认识到：虽然内容本身并没什么变化，毕竟公司的标准化行为要求都是一样的，但是学习效果真的是大不一样，在他的知识分享中，需要学习者反复背记的重点，今天学习者们轻轻松松就能复述出来，而且几乎没有人犯困，这在他以往开展的学习活动中是不可能发生的！小李实实在在地给老张上了一课。老张也意识到，年年迭代内容本身还不够，一直以来他都忽略了一个重点，那就是学习活动本身的体验才能支持有效的学习，但是老张还是想不明白，小李究竟都做了什么，使学习结果产生了如此大的差异呢？

第五章

全方位的视觉化学习场域打造

第一节
高效学习，场域打造必不可少

一、无法忽视的场域

你是否还记得中学时代那个神奇实验？一块条形磁铁被放置到撒了许多铁屑的玻璃板下，当玻璃板被老师轻轻震动，一股神奇的力量操纵着这些铁屑有序地排列，形成一条条曲线，磁场就这样被我们"看见"了。这就是一个"场"，磁铁和铁屑形成的"场"。在物理学中，"场"原意指因物质间的相互作用而产生的能量。

美国心理学家库尔特·勒温借鉴了物理学的概念，将"场"定义为相互依存事物的整体，即个体与环境相关作用的一种整体形态。勒温的"场"包含认知场和知觉场。也就是既包含被知觉到的物质环境，也包括个人的信念、感情和目的等认知意义。

为了更好地说明场，勒温提出了 $B = f(P \cdot E)$ 公式。在这个公式中，B 代表行为，f 是指函数关系，P 是指具体的某个人，E 是指全部的对心理场的解释环境。简言之，这个公式代表着：行为是随着人与环境这两个因素的变化而变化的。我们看到无论是物理上的场，还是心理学里的场，都包含这两个共同点：从整体到部分、从个体到群体。

第一，从整体到部分：把相关联的事物视为一个整体进行研究并且关注这个整体中每个元素对其产生的影响。

图 5-1 从整体到部分

图 5-2 从个体到群体

第二，从个体到群体：重视场域内的能量流动，并强调能量流动过程中群体能量大于个体能量总和，产生"1+1＞2"的效果。

在学习活动中，人和环境共同构成了场域。在我们不可见的学习过程发生时，学习场域也悄然影响着身在其中的学习者们，当然也左右着学习效果。人和场域也是相互作用的。在学习场域中也包含着能量的交换和流动。简言之，学习场域就是学习者在思维激发、知识吸收和整合过程中，影响知识建构的环境总和。

在学习场域中包括多个维度。物理场，也就是客观存在的物理空间，如一间教室就是一个物理场；心理场，即内心的想法；行为场，例如说话、肢体动作、互动等以及时间场和空间场等。场域的每个变化都会给学习者的学习带来不同的影响效果。

二、良好场域益处多

勒温强调在学习中，知识分享者通过场域的打造帮助学习者积极主动地通过自己的眼睛观察世界，而不是让环境和知识分享者把知识灌进自己的头脑。一直以来场域打造常常被知识分享者所忽视，"内容为王"并不能替代场域打造所带来的对学习效果的推动作用。场域的成功打造已经成为一次优秀学习活动必不可少的组成部分。

1. 布置舒适空间，减轻学习焦虑

精心布置的教室，在看到的第一眼就能赢得学习者，并能有效降低学习者的学习焦虑。根据不同主题的需要，进行不同的布置，可以帮助学习者快速进入状态，与学习内容产生链接。如需要深入交流和链接的主题，可以将学习者的座椅围成一个圈，这样的教室布置可以减少学习者与知识分享者的距离感，也可以使每一位学习者在发言时被所有人关注到。

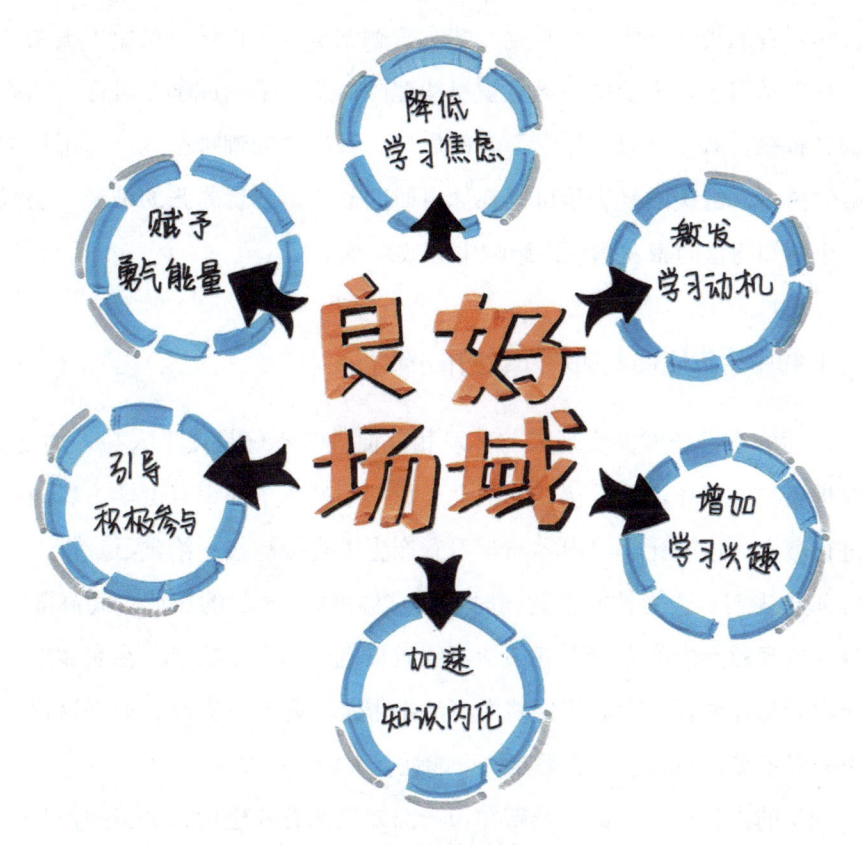

图 5-3　良好学习场域益处多

2. 搭建学习情景，激发学习动机

学以致用一直以来是成人学习中追求的终极学习目标，如果能在学习的开始阶段搭建知识应用的场景，不仅可以激发学习动机，引发学习兴趣，更可以推动学习向行为的转化，让学习者学到的知识或技能在课程结束后就有用武之地。

3. 调动感官通道，增加学习兴趣

学习者的认知是场域中重要组成部分，认知的基础是感觉，成功的学习场域要充分调动学习者的各种感官，来帮助他们认识这个世界，学习知识。学习者的视觉、听觉、嗅觉、味觉、触觉都应该在学习场域中被调动起来，帮助学习者在头脑中和潜意识里构建画面感，来达成学习目标。如教室内的各种视觉海报可以引发学习者的思考，茶歇角的咖啡香气可以帮助学习者减轻焦虑，舒缓的轻音乐可以在休息时间放松学习者紧张的神经。场域中每一个感知通道的激发都可以影响学习效果。

4. 利用视觉催化，加速知识内化

成功的学习场域能实现人与环境相互促进。不仅是促进人与人的链接，也促进人与客观环境的链接，如视觉全景图中的每个知识点由学习者同步学习进行填充，这就让学习内容与学习者产生了直接链接，给学习者带来了满足感和成就感，这间教室也就同时有了"温度"，学习的热情瞬间高涨，学习者在这间教室内的心情更好，学习的效果也就不言而喻了。在实践中，很多学习者都在课程结束后将这些学习海报带走，舍不得丢弃。如果这仅仅是知识分享者带来的海报，被丢弃的可能性就大幅度提高了。

知识的内化离不开记忆及新知识与旧知识的有效建构，恰当的视觉学习活动，为知识的记忆及知识体系的建构提供了帮助。以往的学习中，知识分享者和学习者都容易将注意力集中在某些知识点上，在视觉化占主导的学习场域中，通过知识点的视觉催化，将原本枯燥的内容，具象化、立体化地呈现给学习者，提升记忆效果，更能帮助学习者厘清逻辑关系，建构知识体系。

5. 设计学习活动，引导积极参与

学习活动是学习中必不可少的环节。成功的学习场域不仅促进知识的传递，更能激发学习场域内的能量流动，让思维活跃，大脑积极运转。充分调动学习者的参与性，为学习者带来了积极的互动体验，加速学习场域内的积极能量流动。这种体验不仅可以调动学习热情，更能促进学习者主动内化知

识、建构知识。

6.拓宽学习边界，赋予勇气能量

戴维·温伯格在《知识的边界》中提出："房间里最聪明的那个，已经不是站在屋里给我们上课的人，也不是房间里所有人的群体智慧。房间里最聪明的人，是房间本身；是容纳了其中所有的人与思想，并把他们与外界相连的这个网。"

学习场域中，教学相长的不仅是知识分享者和学习者，学习者与学习者之间的互相促进更为重要。尤其是学习者间往往都有工作上的合作关系，通过这样的场域，学习者们暂时放下部门界限和竞争利益，取长补短，平等交流，达成共识。成功的学习场域不仅可以帮助学习者学到知识，更是赋予了他们解决困难的勇气和能量。

第二节
视觉化学习工具提升参与度

合适的学习工具不仅可以帮助学习者更好地吸收知识，令学习活动锦上添花，同时能吸引学习者的学习兴趣，集中其注意力。视觉化学习工具强调的是以新颖的学习工具形式、活泼跳跃的色彩配合适宜的学习活动来吸引学习者的注意力，提升其学习活动的参与度，如可以选择空白的立体小纸盒，纸盒的六个面可以用来记录不同的内容，相较于将内容记录在学习手册或白纸上，趣味度明显改善，记忆强度也得到了提升。但一定要注意，切莫让学习工具喧宾夺主，让它们成为学习者关注的焦点。在学习活动中学习者的注意力都集中在研究学习工具如何使用上，甚至学习小组内的几个学习者讨论起学习工具如何使用，对知识分享者的分享内容充耳不闻。这样的例子在实际学习活动中并不少见。

常用学习工具

1. 幻灯片

图 5-4 幻灯片

用途：展示知识要点；提示学习者学习重点

优点：知识点涵盖全面；制作相对简单；演示效果好

缺点：容易将学习者的注意力从知识分享者身上带走；对设备有一定要求

2. 白板

用途：知识点讲解使用

优点：较为环保，可反复使用

缺点：前面讲过的知识点难以保存

图 5-5　白板

3. 白板纸

用途：知识点讲解使用

优点：可将每个讲解过的知识点进行保留，方便回顾

缺点：不可反复使用；单页面内书写的内容有限

图 5-6　白纸板

4. 彩色笔

图 5-7　彩色笔

用途：知识分享者书写板书或学习者进行课程练习使用

优点：颜色鲜艳，区别不同的重点内容；激发学习者思维

缺点：采购成本较单色笔高；容易丢失

5. 便利贴

用途：学习者讨论及思考问题时使用

优点：方便随时记录学习心得和感悟；不同的形状可配合不同知识点学习环节使用；可根据学习需要随时调整位置

缺点：反复使用背胶会失去黏性；容易丢失

图 5-8　便利贴

6. 知识要点卡片

图 5-9　知识要点卡片

用途：新知识引入、应用、复习环节均可使用

优点：可应用在学习者参与的活动，将枯燥的学习内容融入到有趣的学习活动中，提高学习者的记忆水平和参与度

缺点：需要提前进行制作，较为耗时

7. 手机

用途：团建；总结学习心得等

优点：学习者人人都有，且容易引起学习者兴趣，提高参与度

缺点：学习者在利用手机完成学习任务时，分散学习者的注意力

图 5-10　手机

8. 骰子

用途：分组；排序
优点：方便、快速
缺点：需要单独购买

图 5-11　骰子

9. 减压小球

用途：缓解学习者紧张及压力；缓解个别学习者在学习环节中的无聊情绪
优点：方便、安全
缺点：容易分散学习者注意力

图 5-12　减压小球

10. 毛根、彩泥

图 5-13　毛根

图 5-14　彩泥

用途：破冰、问题研讨、团队建设、思维激发

优点：色彩多样、形状多样，可根据学习者需要进行创造；利用动手过程调动学习者的潜意识，引导学习者思考

缺点：一次性使用；需单独购买，成本略高

11. 视觉引导卡

用途：破冰、问题研讨、思维激发、团队建设

优点：利用图像引导学习者将潜意识中的思考进行逻辑性的表达；可反复使用，较为环保

缺点：成本较高

图 5-15　视觉引导卡

12. 视觉海报

用途：场地引导、签到、入场调查、时间安排展示、视觉全景图、学习总结

优点：利用视觉图像激发学习兴趣、引发学习者思考与讨论；帮助学习者复习课程知识等

缺点：绘制较为耗时，且需要对视觉引导技巧有一定的了解

图 5-16　视觉海报

13. 学习手册

用途：帮助学习者在课后对知识点进行回顾；记录课程中的学习心得

优点：可供学习者长期保存复习

缺点：学习中容易分散学习者注意力

图 5-17　学习手册

第三节
不止于视觉——全方位场域打造

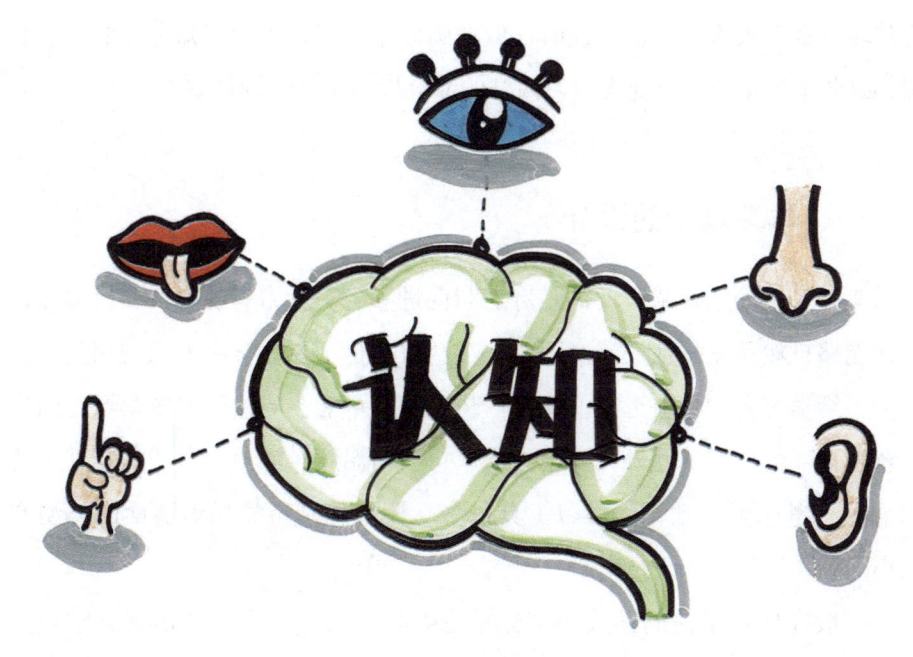

图 5-18　人与外界信息交互的"六觉"

人的感觉器官，在与外界信息交互中形成了"六觉"，分别是视觉、听觉、触觉、嗅觉、味觉、知觉，其中前五种感觉分别对应着人的五大感觉器官，最后一种"知觉"是前五种感觉形成的综合性感受，例如常说的"直觉"其实就是知觉的一种表现。人对信息的接收，绝大部分来自视觉，但画面感的构建却不仅仅来自视觉，我们会用鼻子"品尝"，用眼睛"聆听"，例如当你听到播放器里传出淅淅沥沥的小雨声，你会不会有雨中场景浮现在脑海中，甚至能嗅到雨滴激发起的泥土的味道呢？再如人们对咖啡的记忆，90%是嗅觉，10%来自味觉，这与我们一般的认知大相径庭。人在认知同一个事物时，会从不同的感觉通道进行信息提取，并在大脑中不同位置进行存储，一旦相关信息被唤醒，关于它的不同感受器官的记忆就会被同时提取出来。如果我们能充分将其应用到学习活动中，必将事半功倍。所以，学习活动中，运用全方位的场域打造来调动学习者的全部感官通道，帮助学习者全身心地投入到学习活动中，共同完成画面感的构建，这对于促进知识的吸收和转化都有极大的帮助。此时形成的画面感其实是人的"知觉"的一种表现，是各个感觉器官对此次学习内容的综合性、全局性的认识。

一、学习场地的设计

学习场地的选择最重要的是舒适与促进参与。学习者的座位要尽量保证目光能够自然而流畅地交流。不要太过拥挤，也不要让学习者间的相互距离过大，给学习者一种疏远感。这种"疏远感"可能会导致学习中学习者间交流意愿下降的情况。此外，要检查通风、室内温度、噪声、照明和室外干扰的情况。考虑到视觉化的学习工具较多，还要特别留意场地墙面的类型和大小。

一般在场地桌椅的摆放中，会考虑到学习目标、学习者情况、学习主题、学习者间关系等因素。

常见的场地布置方法

场地布置方法	场地样例	学习者人数	适用范围	优点	缺点
学校教室排列	图 5-19 学校教室排列	根据场地大小	大型、宣讲类学习	容纳人数多	不利于知识分享者与学习者间交流
圆形排列	图 5-20 圆形排列	30人以内	需要深入沟通交流的主题	场地内所有人都可以互相观察	不利于知识分享者与学习者间点对点的沟通
U型桌椅排列	图 5-21 U型桌椅排列	25人以内	适合研讨、角色扮演、体验式学习等	有利于知识分享者与学习者之间的沟通；学习者发言时，获得现场所有人的关注	知识分享者与U型底部的学习者沟通稍有不畅
U型椅子排列	图 5-22 U型椅子排列	25人以内	适合研讨、角色扮演、体验式学习等	有利于知识分享者与学习者之间的沟通；学习者发言时，获得现场所有人的关注	知识分享者与U型底部的学习者沟通稍有不畅；不利于学习内容及学习心得的记录
开放长方形排列	图 5-23 开放长方形排列	30人以内	适合研讨、头脑风暴等	有利于知识分享者与学习者之间的沟通；学习者发言时，获得现场所有人的关注	现场活动空间变小，不利于学习者分小组讨论
小岛型排列	图 5-24 小岛型排列	60人以内	适合各种主题的学习活动	有利于知识分享者与学习者之间的沟通；兼顾沟通的同时，容纳人数较多，学习者个人活动空间相对较大，小组内沟通更充分	小组间沟通较少；知识分享者授课中更多地关注小组产出的结果，而非学习者个人

无论是哪种桌椅排列形式，投影幕布一般都会放置到学习场地的前方。同时，根据学习需要放置白纸板架。一般还会在前方的侧面，不影响学习者观看投影内容的位置放置电脑桌。

学习场地内的茶歇区、学习者衣服及背包等物品存放区都会设置在不影响学习活动的角落里。根据学习场地大小及学习者人数，可在学习场地内或场外设置签到处，供学习者签到使用。需要注意的是如果在学习活动中运用了大量的视觉场域打造，以上这些区域的设置要避免割裂较大墙面，以免造成学习中视觉场域的动线被破坏。

二、学习与音乐

图 5-25　学习与音乐

> 声音把我们带进画面，或者使画面不仅是画面。就像因纽特人让来访者摆脱孤立时所说的"我能从谈话中发现你。随便说些什么都可以，甚至是喃喃低语，我就知道你在那里"。
>
> ——大卫·罗森伯格，哲学家兼作曲家

很多知识分享者都会在学习活动中使用背景音乐来调动学习者的情绪和积极性，例如在学习开始前，引导学习者进入学习的兴奋状态，在问题讨论环节、休息环节等，这不仅可以降低环境干扰使学习者保持持续思考，更可以帮助学习者在潜意识中构建学习内容的场景感、画面感。因此，选择合适的背景音乐，才能够营造出愉悦轻松的学习氛围和促进理解和记忆的画面感。

学习活动背景音乐的使用要配合学习的主题、学习者的类型、学习活动中学习者不同的心境和情绪状态。如企业组织的新员工学习活动，学习者多以年轻人为主，选择的学习活动背景音乐多为振奋人心和鼓舞士气的音乐。高管学习活动，中年人居多，需要思考和讨论的内容较多，一般会选择积极向上的轻音乐。

音乐使用情境	音乐类型	音乐作用
暖场	激情洋溢的音乐	引导学习者入场，促进学习者集中注意力到学习主题中
开场	大气磅礴又有起伏的音乐	吸引学习者的注意力到主持人或知识分享者身上，学习活动正式开始的信号
讨论/思考	悠扬的乐曲、钢琴曲	学习活动中需要进行小组讨论或者思考时，放松学习者的心情，也是此学习环节持续时间的提示
课间休息	积极向上的流行音乐	放松学习者心情，提示休息时长
课程结束	学习者耳熟能详、感染力强、催人奋进的音乐	能激励学习者保持积极向上的状态，激励其将学习到的知识应用到实际中

在学习活动中背景音乐的使用有以下注意事项。

（1）切莫喧宾夺主。背景音乐是场域打造的一部分，目的是促进学习者的学习，因此播放的音量和歌曲的选择不能影响学习活动的开展。

（2）以学习者舒适的音量播放。背景音乐开启的时候，音量一定是由低到高，调整到适合播放场景的大小，以学习者感觉舒服为标准。如果学习活动场地在企业内部的办公区，要提前进行播放测试，避免因音量过大，影响企业正常办公。

（3）试讲测试音乐。如果知识分享者授课时也需背景音乐配合，一定要试讲，将学习内容与音乐配合度进行测试，避免出现学习内容带动的学习者状态与背景音乐的情绪状态相悖的情况。

（4）新手阶段，建议先在暖场和中间休息环节播放背景音乐，且音量不要过大。可以选择一些耳熟能详的轻音乐。逐步尝试使用更多音乐类型，在使用中观察学习者对不同乐曲的反应，以便逐步调整。

三、学习与气味

图 5-26　学习与气味

> 嗅觉就像一个强大的巫师，他能在瞬间使你身处千里之外，又能帮你在时光隧道中追忆似水流年。
>
> ——海伦·凯勒，美国作家

鼻腔作为人体的感觉通道之一，也在时刻收集着外界信息。嗅觉系统是人类大脑里最"年长"的部分，在大脑活动中起着至关重要的作用，提示我们远离危险，比如烧焦的气味，马上会让人警觉起来。人类可以感觉出来的气味约有 10 万种。气味能刺激大脑，增强记忆，调节情绪。皮特·阿兹和斯蒂芬·杰里尼克两位心理学家研究气味对人类的感觉、判断及行为在潜意识中的影响，他们把气味影响消费者购买决策的现象称为"内隐气味记忆"，即消费者选购商品时，气味最先勾起回忆和帮助建立画面感。近几年市场上火爆的各种精油产品，正是利用气味帮助人们在潜意识中构建画面感，调整全身心的状态和感受。如借助薰衣草的气味让你感觉自己仿佛置身大自然，身体也被带入一种放松、愉悦的状态中，学习活动中同样需要引发潜意识参与并预留学习者长期记忆提取的线索。因此，教室内的气味也是学习活动场域中看不见但影响颇大的因素之一。如果空气中有发霉的味道就会让学习者在学习活动中情绪烦躁，精神不能集中。空气清新的教室却可以帮助学习者心情愉悦地进入学习状态。适宜的香气能减轻学习者的焦虑，辅助其记忆。在利用气味进行学习场域打造时，我们要留意以下几个方面。

（1）开窗通风。要在学习活动开始前，进行开窗通风，避免教室因较长时间未使用而出现发霉的气味，影响学习者的心情。如学习者人数较多，应一直保持空气流通。

（2）配合学习主题，选择适合的气味。如在很多以减压为目的的学习中，可以适当选择柠檬味、芒果味或薰衣草味的植物香薰。日本科学家研究证实，这三种气味最能缓解紧张状态。之所以能将不良情绪"带走"，是因为植物花朵或茎叶的细胞，经阳光照射分解出的芳香油，与人体鼻腔内的嗅觉细胞接触后，产生一种特殊的反应。此外，如茉莉的幽香可以提高应变能力、石竹的香味可增强记忆力，有利于更好地接受外部信息。这些都可以配合不同的学习主题进行使用。

（3）香气慎用。不同的人，对于香气有不同的偏好，因此在配合学习主题使用时，要选择气味较清淡，学习者容易接受的香薰，以学习者舒适为宜。避免气味过浓重或较特殊，给部分学习者造成不适，影响学习。从未在学习活动中使用过香薰的知识分享者，在使用初期要少量尝试使用，且香薰放置的位置尽量远离学习者。

（4）室内气味综合管理，避免气味混杂。学习活动中常设有茶歇区，茶歇区的热饮、水果等气味也会在教室内扩散。如与室内的香薰味道混合，容易造成室内空气质量下降，引起学习者不适。因此在学习活动中考虑使用香薰时，一定要综合考虑教室内可能出现的气味，避免此类情况出现。

四、茶歇区的能量不可小视

图 5-27　茶歇区海报

说到"茶歇"，大家是不是会认为它就是学习活动中的小福利？那你可就小看了茶歇。学习者评价一次学习活动的收获时，人际交流的频次和质量是一个重要的标准。你一定注意到学习活动的间歇，茶歇区总是人头攒动、欢声笑语。它可是学习活动中学习者互相交流的好地方。在那里，没有公司的领导和下属，大家都是参加学习的学习者，是难得平等交流的平台。如果学习者们在此开展的交流话题与此次学习内容无关，那么在学习者休息结束后再次进入主题学习时，就需要知识分享者将学习者再一次带入学习状态中，而这个难度明显要大于学习活动开始前的学习状态引导。因此，要有意识地在茶歇区布置一些起到视觉催化作用的本次学习内容、注意事项等相关海报，或者设置一些本次学习活动中会遇到的问题等海报，这样学习者们既有共同话题可以拉近关系，又不会觉得太过枯燥，从而逃避学习主题内容。在这样的布置下，互不相识的学习者开始热络了起来，陌生人变成了"好同学"；茶歇过后，学习者们刚刚通过味蕾的刺激让神经又兴奋了起来，能精神饱满地投入接下来的学习中；茶歇的香气也可以作为学习中记忆的辅助要素，帮助学习者更好地将需要记忆的内容建构到已有知识体系中，当需要回忆时，也可以借助这种香气，迅速提取记忆中的知识。

　　茶歇的准备有以下几项要注意。

　　（1）水必不可少。咖啡和茶类的饮品基本上是必备的，一般要选择独立包装。要注意，如果准备了咖啡，就要准备好搅拌棒。很多学习者希望在下午的学习间隙喝杯咖啡，调动精神，但没有搅拌棒的茶歇，让咖啡也无人问津了。

　　（2）小包装，不带壳。茶歇并不是为了让学习者吃饱，而是为了让学习者间促进交流，同时给他们提供短暂补给，因此，不要提供大包装或单个体积较大的食物，一个学习者吃不完，其他学习者考虑到卫生问题，又不会一同分享，造成不必要的浪费。如时令水果，要切成小块，方便取用，例如，尽量不要提供整个的苹果，容易造成浪费。同时，要避免提供瓜子、开心果这类带壳的食物，避免造成教室内的卫生问题，影响学习者的学习心情。

　　（3）早间茶歇注意高能量。很多学习者在早间学习时，都是没有吃早餐直接进入教室的。用脑力的消耗，让他们很快就会饥饿。此时的茶歇要准备一些高能量的零食，如沙琪玛、饼干等，帮助学习者即刻消灭饥饿感，并能将良好的学习状态持续到上午学习结束。

（4）丰俭由人。在五星级酒店组织学习活动，茶歇可以有精致的糕点，在企业内部的学习活动，也会看到儿时常吃的辣条。茶歇的提供没有一定之规，根据员工的人群特点、预算等进行采购即可。

（5）避免气味过重的食物。气味过重的食物，容易使教室内长时间充斥着刺激性气味，影响学习者的学习情绪，分散其注意力，造成学习效率下降。

视觉、听觉、嗅觉、味觉，都是我们身上的不同感官把内外世界的众多感觉刺激传递到脑中产生的反应，这众多的感觉刺激各有各的传入和传出通道，在此情况下，脑就必须把这些感觉信息组织好。脑部一方面对各种感觉刺激做出反应，下达指令；另一方面又要对各种感觉信息做综合处理。输入人脑的感觉刺激是非常多的，人脑在意识水平上不可能对此都做出反应。而感觉统合把各种信息中最有用、最重要的那部分从中检索出来，再将各种感觉综合，形成整体，以供脑使用。脑对统合过的信息进行反应，就更为准确、及时。将其应用在知识分享活动中，势必可以实现事半功倍的效果。

写写画画

请结合你的知识分享主题，画出对下面空白教室（缺图）的布置，使这个学习场地为学习者提供全方位的学习体验。

小杰的进阶之路

小杰在一次学习活动中被现场绘制的知识全景图震撼到了,一天的学习内容竟然被一幅图总结得清晰明了,而且全景图中重点突出,图像生动有趣,特别抓眼球,大家都围观拍照。小杰决定回去尝试一下,把这门"手艺"用在自己的知识分享活动中。

在自己的知识分享活动前,小杰想准备一张欢迎海报和一张知识全景图。一想到大家即将围观自己的作品,小杰就有点兴奋。但是,事情可没有想象的那么简单。小杰临摹了一些简单的图像想要用在自己的知识全景图中,结果发现与自己的知识内容风马牛不相及;看着自己的知识分享内容,大脑一片空白,没有办法转化成与内容相关联的图像;更别说全景图了,一部分内容能勉强画出来,整堂课的知识想呈现在一幅图中根本做不到。小杰深受打击,准备放弃。

大巍姐来询问小杰的进度,发现了小杰的困惑。作为"过来人",大巍姐分享了自己的视觉应用心得:"开始阶段,我们很容易关注到图形是否好看,画面是否精美,很少有人关注到图像背后传达的逻辑和内涵。我们借助视觉催化工具辅助学习,不是考验画功,而是培养视觉思维和全脑学习的过程。有很多小方法可以提升画面的耐看性,但你对课程的总结和思考才是视觉工具使用的精髓。"

小杰听了大巍姐的分享,瞬间醒悟,使用视觉催化工具,我们不应该纠其形，而应该追其意。小杰也不再纠结这次海报和全景图画得"丑"了，因为它虽然"丑"，但很好地总结了知识的重点，提高了学习的有效性，这就足够了。

第六章

跃然纸上：无须培养画家，只求学习有效

第一节
视觉工具——不买贵的，只买对的

图 6-1 视觉工具

要制作视觉催化教具，自然离不开笔和纸。很多视觉小白开始会担心自己没有美术基础，写不出漂亮的海报字或画图太丑。其实，不需要任何美术基础，只要了解你使用工具的特性并根据需要正确选择，就可以起到事半功倍的效果。走进琳琅满目的文具店，从小孩子涂鸦的水彩笔到专业的绘画用笔，价格可能相差几十倍。选哪个？一句话，只买对的，不买贵的。视觉工具的选择原则是遵循笔的特性和使用需要，选择适用的。

一、笔

日常学习活动中常用到白板笔,它可以用板擦轻松擦掉,反复在白板上书写。但如果在白板上使用记号笔,板擦就难以去除。这是由于白板笔是水性的,也就是它的墨水会溶于水,湿布擦除即可。记号笔使用的是油性墨水,不溶于水,所以板擦难以去除,如果用记号笔误写在白板上,可以用酒精去除。

1. 油性笔 & 水性笔

在日常使用中,油性笔使用频率较高,它的挥发性较好,颜色饱满,常被用来写字。

图 6-2　油性马克笔

图 6-3　油性勾线笔

（1）油性笔

扣紧笔帽最重要。油性笔的颜料中含有酒精，极易挥发，一般一支油性的记号笔，在未扣紧笔帽的情况下，十分钟左右，就会挥发到写不出字。所以使用后要立刻扣紧笔帽，以免墨水挥发。

油性笔上色先浅后深。在使用中，要先使用浅色的笔书写，再使用深色的笔书写。如果先使用深色笔书写，再使用浅色笔书写，深色会混入浅色区域，使得浅色区域的颜色出现晕染。

图 6-4　正确示范 　　　　　　　　图 6-5　错误示范

如果在实际操作中先用了深色，再涂浅色时，不要让浅色碰到深色，以免颜色晕染。

（2）水性笔

水性笔就是我们日常生活中常提到的"水彩笔"。水彩笔的挥发性和色彩饱和度都稍逊于油性笔，水性笔适合在日常纸张上使用，如白板纸等，不会造成纸张间透墨。

实际使用中，常常是水性笔与油性笔配合使用。因为水性笔和油性笔的颜色互相不会晕染，也就是说可以不考虑两种笔的使用顺序，也不会造成颜色晕染。

图 6-6　水性马克笔

2. 圆头 & 斜头

在马克笔的两端，一端是较宽的斜头笔尖，一端是较细的圆头笔尖。

图 6-7　斜头笔尖

斜头笔尖常用来书写 POP 字，也就是常在超市或药店等处看到的广告字。

使用斜头笔尖写字，即便之前没有任何书写技巧训练，只需要遵循简单、统一的书写规则，如加粗所有的竖，就可以直接写出富有变化的文字，让枯燥的内容变得醒目、易识记，斜头笔尖书写速度较圆头笔尖稍慢，但富于变化。

图 6-8　圆头笔尖

> 我们日常使用的笔尖，基本都是圆头笔尖。圆头笔尖多用于快速书写文字或者绘制线条、图像轮廓等。

不同笔尖书写的效果对比见图 6-9 和图 6-10。

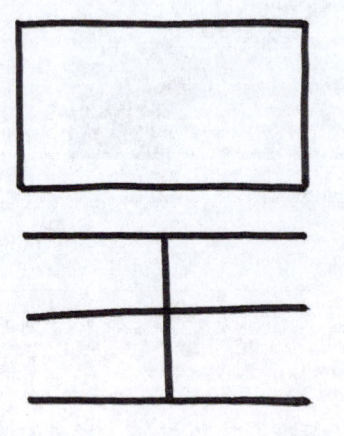

图 6-9　圆头笔尖书写效果　　　　图 6-10　斜头笔尖书写效果

图 6-11　不同笔尖宽度的斜头笔

斜头笔根据笔尖的宽度有不同的型号，不同宽度的笔尖用来书写不同大小的字，"多粗的笔写多大的字"是书写文字的基本原则，用粗笔写小字，会模糊不清。用细笔尖写大字，字会很单薄，距离稍远就难以识别了。所以要根据纸张和需要书写的字的大小，选择适合尺寸的笔尖。

3. 其他常见笔

图 6-12　丙烯画笔

丙烯画笔，覆盖性强，颜色饱和度尚可，墨水完全附着在纸面上的速度明显快于油性笔,与油性笔反复涂色可增强色彩的效果不同,丙烯笔可叠涂在各种底色上,笔尖分为不同的尺寸,一般为纤维笔头,由于丙烯不溶于水,因此这种笔不仅适用于纸张,也适用于各种画布、KT板等,使用前要先摇晃笔杆,再将笔尖垂直向下按压,将墨液引流至笔尖。在使用这种笔时,一定要注意,大面积涂色后要将画面静置片刻,避免手部将未完全干透的色彩碰脏。由于这种笔的覆盖性佳,所以当在纸面上写错部分内容时,可以利用这种笔进行覆盖。效果类似涂改液。

图6-13　亚克力颜料画笔

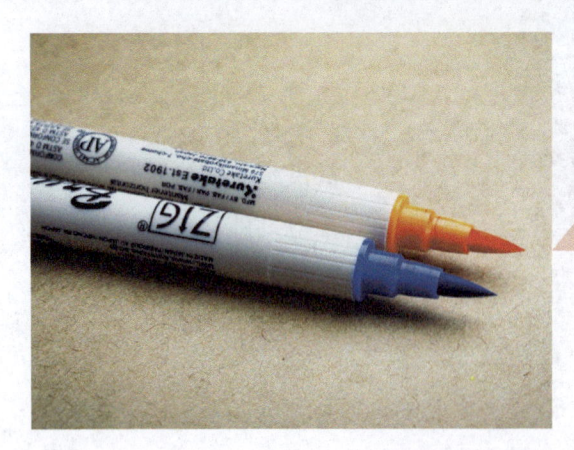

油性、水性、丙烯笔均有软头笔,笔尖可360°弯折,书写质感类似于毛笔,软头笔绘制出的线条较为柔和,笔触变化丰富。

图6-14　软头笔

色粉块的质感类似于粉笔，适合在相对粗糙的纸面上进行快速的大面积上色，颜色较浅，饱和度较低。色粉在纸张表面附着力强，上色后可利用海绵扑或手指将颜色推开，使颜色变得均匀。色粉块上色后，可以用定画液覆盖色粉部分，防止颜色脱落。

图 6-15　色粉块

二、纸

1. 白板纸

这是学习活动中最常用到的纸张，一般使用水性笔进行书写，这种纸对于油性墨水吸附能力较强，一般油性笔书写到上面会明显透墨，如果在第一张纸上书写，下面的 2～3 张纸都会有墨水渗透，这就会造成油性笔墨水在白板纸上使用速度比水性笔墨水快。

图 6-16　白板纸

2. 铜版纸

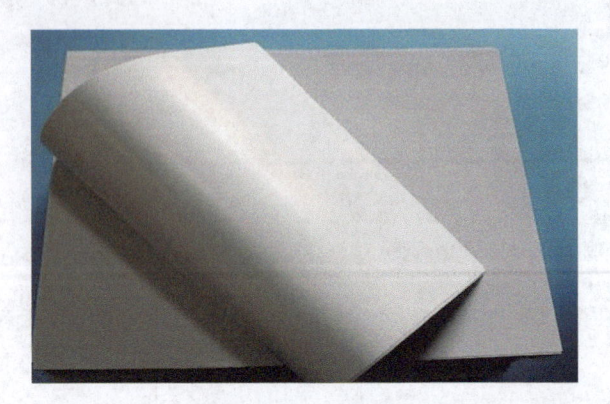

图 6-17 铜版纸

铜版纸是在原纸表面涂一层白色涂料，经压光加工而成，分单面和双面两种，纸面又分光面和布纹两种。常见的时尚杂志就是采用这种纸张印刷。铜版纸表面较光滑，抗油性笔的渗墨性很好。油性笔和水性笔均可在这种纸上使用，油性笔不会透墨。尺寸也很多，但价格较白板纸稍高。

3. 工程绘图纸

图 6-18 工程绘图纸

在绘制视觉全景图时，常会用到尺寸较大的纸张，工程绘图纸就能很好地满足大面积纸张的需要了。一般宽1米，一卷的长度约有50米。这种纸质地紧密，无光泽。有优良的耐擦性、耐磨性、耐折性。其纸张对墨水的吸附性近似白板纸。

4. KT板

图6-19　KT板

KT板其实不是纸，它是一种两面贴有光滑纸张的泡沫板，一般用作展板或作为临时搭建物的隔板。由于其价格低廉、颜色多样及方便裁剪，在学习活动中也广泛使用，尤其在进行视觉化场域打造中，利用热熔切割刀具，可裁剪成不同的造型。在KT板上书写一般会用附着力较强的油漆笔或普通油性笔。

第二节
视觉化从文字开始

图 6-20　视觉化从文字开始

说到视觉化，大家就会想起各种印象深刻的视觉刺激，如精美的图案和绚丽的色彩。视觉正是利用了这些元素，使得那些原本抽象难懂的内容，变得有趣易懂，并且更好记忆。视觉化正是利用这些元素所引发的画面感来加强认知。

一、视觉化从文字开始

在进行视觉化教具及场域设计中，使用最多的当然是文字。文字是人类的一套意义符号系统，可以用简约的符号表达丰富的含义。甲骨文是中国字的基础，它是一种象形文字，是由图画文字演化而来的文字，属于表意文字。古人后又增加了其他的造字方法，例如六书中的会意、指事、形声、转注、假借。然而，这些新的造字方法，仍以象形字作基础，拼合、减省或增删象征性符号而成。所以写好我们的文字其实就是画好传递文字含义的图像。

1. 文字不可或缺

说到视觉化，容易陷入的一个误区就是"视觉 = 图像"，很多人觉得既然要视觉化学习内容，那么就要少用文字，甚至不用文字，完全用图像来表达。大家可以看看下面的例子。这是两幅学习要点图，你能看出要讲解的内容是哪些吗？不同的人对不同的图形有自己的理解，如一个纸飞机的图形，可以在不同的场景中代表梦想、自由、未来、旅行等。所以，没有说明性文字来明确图像的意义表达范围，就一定会造成对图像的理解偏差，学习内容的视觉化不仅不能帮助学习者提升学习效率，反而拖了后腿。说明性文字的收敛作用，能够帮助学习者们统一对于图像的理解。

图 6-21　学习要点图（一）

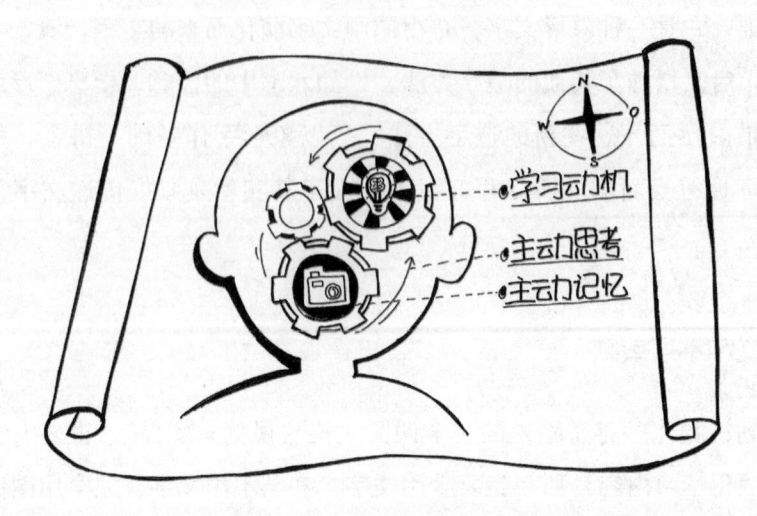

图 6-22　学习要点图（二）

2. 避免错别字

电子设备的广泛应用，使写字的机会越来越少了，大部分人都使用拼音输入。我们用的文字都是键盘敲出来的，看见它的时候认识它，提起笔时忘记它。一起来看看下面这些拼音，写出对应的汉字，你能写对吗？

bí tì　　zhōu wéi　　níng jìng　　mào xiǎn

完成后请对照字典中的字进行检查，你都写对了吗？

正确答案：鼻涕　周围　宁静　冒险

学习活动中应用的视觉催化教具等是要呈现给学习者使用，而文字的正确和可识别是学习内容视觉化的最基础要求。

二、文字书写规则 + 合适工具 = 实现视觉催化的文字

在学习活动中的文字，其作用是促进学习效果，而不是展示海报字，所以，只需要与我们日常的文字有所区别，看起来正确、醒目、字形稍有变化即可。在书写时，我们只要遵照一些简单的书写规则，并配合合适的工具就

能达到理想的效果。

1. 握笔

书写要从左至右，笔尖要与纸面紧贴，注意笔尖方向，保证起笔和收笔都是平的。

图 6-23　握笔

2. 字形

（1）文字方正

图 6-24　字形方正

（2）像横的写横，像竖的写竖

图 6-25　像横的写横，像竖的写竖

（3）高宽相似，出头较短

图 6-26　高宽相似，出头较短

（4）左侧部首齐头，右侧部首居中，半包围部首缩小

图 6-27　左侧部首齐头，右侧部首居中，半包围部首缩小

（5）文字书写规则要统一

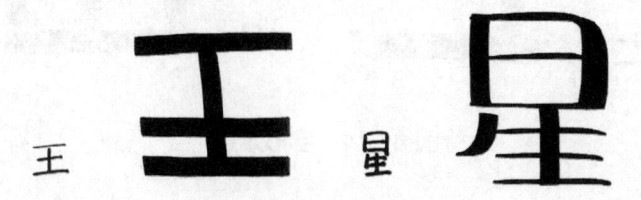

图 6-28　上松下紧

图 6-29　上紧下松

（6）快速书写，笔尖横向

斜头笔尖横向书写就可以写出横细竖粗的效果，如需快速书写大量文字，可不改变笔尖方向，全部保持笔尖横向书写，就能大幅度提升文字书写速度。

图 6-30　笔尖横向书写

（7）笔画变图乐趣多

要增强文字的画面感，可结合文字的含义，将笔画替换为图形。选择文字中的 1~2 个笔画进行替换即可，如替换太多笔画，文字的辨识度就会下降，造成学习者识别困难。

图 6-31　笔画变图

（8）空心字变化多

空心字其实就是书写文字的轮廓。在空心文字中，可以填充不同颜色和形状的色块，创造不同的视觉效果。

图6-32 空心字

以上的书写规则，可以帮助知识分享者在最短的时间内提升使用马克笔书写文字的效果。文字的练习需要耐心和时间，贵在坚持。各种字形特点的手绘文字还有很多，如胖胖字等。学习手绘文字重在临摹和字法规则的灵活运用，随着应用熟练程度的提升，可以创造属于自己的特色手绘文字。

第三节
简单图像不简单

《周易·系辞上》说："在天成象，在地成形，变化见矣。"指悬于天上的（如日月星辰等）成为表象，处于地面的（如山川草木动物等）成为形体，事物变化的道理就可以从这些形、象中显现出来，所以无论是头脑中加工出的抽象事物，还是感官体验，都可以用形态进行表达，图形和图像就是将这些形态呈现于二维平面中。说起画图，很多人马上就会面露难色，变得紧张，担心自己画得很丑。诚然，想要达到绘画高手的水平，确实需要绘画技巧的深入学习和长时间的练习，并非一日之功。学习活动中的视觉化应用旨在帮助学习者提升学习效率，达成学习目标。如果在学习活动中以追求视觉催化教具绘制的精美程度为主，就是舍本逐末了。以图6-33中的两张图为例，左边图中的人物精致可爱，右边图中人物虽然简约，但一眼就能看出它代表一个人。学习活动中的图形、图像绘制尽量以简洁、可辨识、引发学习者深入思考为目标。

在图像的绘制中也会有些小技巧，这些技巧可以帮助没有基础的知识分享者，短时间内提升视觉催化教具的绘制技能，尽快解决"画不像"的问题。

图 6-33 简单图像

一、线条

图 6-34 线条塑造

线条的塑造能力，是提升图像"像不像"问题的关键。要想线条画得好，就要不断提升快速造型的能力。线条的绘制行笔要稳，一笔到底，不要犹豫、不要停顿，画出来的线条才能像高山流水般流畅。尽量避免断断续续的短线和不断的停顿。建议大家少用铅笔，因为在使用铅笔时，会习惯性地不断修改。其实在图像绘制中没有错的东西，错了就想办法再进行调整即可。

二、黑白灰

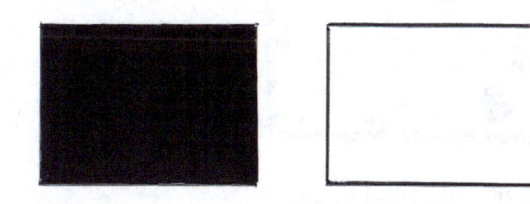

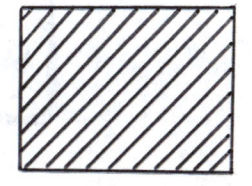

图 6-35　黑白灰

　　黑白灰是用来对画面层次节奏归纳概括的一个方式规律。在色彩中，黑白灰其实是明度关系，明度就是颜色的亮度。即用黑和灰衬托亮的主体内容，用亮的背景衬托灰或深的主体内容，深背景去衬托亮的主体内容；用亮的背景衬托黑的主体内容。灰是由白和黑调和而成，起到调节、丰富画面的作用。

　　画面中黑、白、灰往往是交错布局。这种交错在面积上是有主次之别的。要做到主要部分醒目耐看，次要部分概括，琐细的地方概括统一。利用好黑白灰，就是将二维空间的纸面可以展现出三维空间的效果，同时让画面重点突出、兼具层次感和富于变化。

图 6-36　黑白灰效果应用

三、简单图像，不简单的小技巧

1. 轮廓线要加粗

图 6-37　轮廓线要加粗

　　加粗的线条，会首先吸引人观看，并得到更多的关注。轮廓线的加粗会促进学习者通过视觉对相关内容的整体性有认知。对比一下，轮廓线加粗后，是不是让图像内容更加突出了呢？

2. 阴影

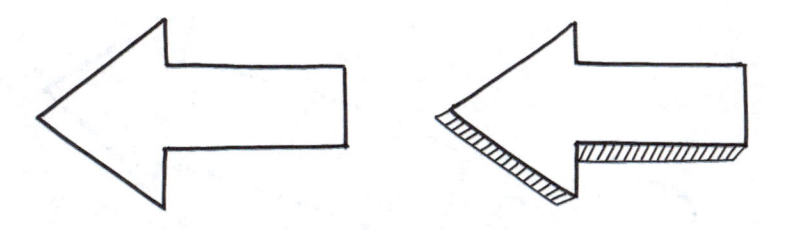

图 6-38　图像加阴影

　　阴影是表现物体立体感或质感的关键因素。阴影的添加将"平面"瞬间变为"立体"。我们的大脑更欣赏立体的视觉信息，因为它可以传递更多的内容给大脑。当在图像中添加了阴影，大脑对它的好感也迅速提升，并且可以让简单的图像看起来更加精致。

3. 动线

图 6-39　动线（一）

　　在二维空间表现三维立体已经很不容易，如果要在二维空间表现动作则更加困难。一个看起来好像在动的图像是深受大脑喜爱的。只需要在动作周围添加几条动线，就可以有效地提示大脑，这个图像处于运动状态。

图 6-40 动线（二）

图 6-41 动线（三）

4. 留白

图 6-42　留白对比

　　留白是艺术作品创作中常用的一种手法。整个图像画面的布局一定要有疏密，才能打破千篇一律的感觉，有变化、对比，既富于变化又和谐统一，适当的留白才能让画面更"透气"，更好地突出重点，提高视觉信息吸收的舒适度。其实留白也是画面的组成部分，并不是空白。就像我们在使用 WORD 软件编辑文稿一样，页边距一般要大于段间距，段间距则会大于行间距。文字间也会留有间距。合适的间距设计会让文稿看起来更加舒服。试想一下，如果你面前的文稿变得密密麻麻，整页铺满文字，看到的第一眼你会有什么感受？

第四节
色彩恐惧症如何配好色

图 6-43　色彩恐惧症如何配好色

色彩作为事物最显著的识别特征之一，能够首先引起人们的关注，并成为记忆最深刻的部分。它不仅为图像增添了变化和乐趣，还增加了空间感。但是对于大部分视觉小白来说，配色完全就是凭感觉，这样不仅浪费时间与精力，同时会增加"恐画"的挫败感。其实配色也有一些规律可循。

一、关于色彩

日常生活中，经常会听到荧光红、酒红色、姨妈色、裸色、豆沙色等描述口红色号的广告语。"口红"顾名思义应该是红色，可为什么有这么多不同的红色呢？这些颜色是怎么来的，又怎么区分呢？这就一定要先了解一下能表达色彩特点的色彩三大属性。

1. 色彩三大属性

每种颜色都有自己的个性，带给我们不一样的感受。如红色，喜庆、热烈。黑色，沉稳、内敛。了解色彩的特性才能更好地驾驭它。色彩有三个属性，即色相、明度和彩度（类似于饱和度），正是这三大属性决定了每种颜色的个性特征。

色相即色彩的颜色，是色彩的首要特征，是区别各种不同色彩的标准。我们通常说的红色、绿色即指的是色相。

色彩的明度其实就是色彩的亮度。用来描述颜色有深浅、明暗的变化。如，深红、大红、玫红等就是对红色在不同明度上的描述。

彩度就是指人眼对色彩鲜艳程度的一个视觉心理尺度，当一种颜色掺入白色时，彩度就产生变化，它表示颜色中所含这种颜色成分的占比。色彩的彩度越高，此种色彩越浓烈；色彩的彩度越低，此种颜色越淡。当掺入白色的比例过大时，在眼睛看来，原来的颜色将失去本来的光彩。

2. 色环与三原色

所有的色彩都是源自"红黄蓝"三种原色。

红黄蓝两两混合后得到三个二级色即"间色",也就是绿橙紫。原色与间色混合或间色与间色混合而形成更多的颜色,称之为"复色"。

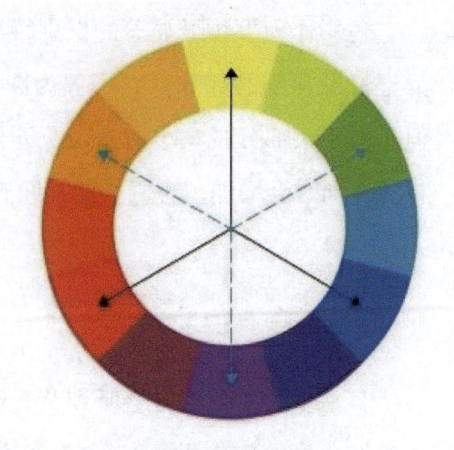

图 6-44 色环

二、色彩使用技巧

1. 单色的使用

这是郑板桥所画的竹子,画面中仅使用一种颜色,能够实现整个画面的统一性,给人以简洁、和谐、稳定的感觉。但在使用中要使单色画面富于变化,要注意线条要富于变化,直线与曲线相互配合,粗线与细线错落有致,同时点线面和黑白灰也要配合起来。

2. 三色足矣

丰富的颜色的确能使得画面看起来更加吸引人,但是在熟练掌握配色技巧前一定要把握住"少而精"的原则,颜色搭配尽量要少,

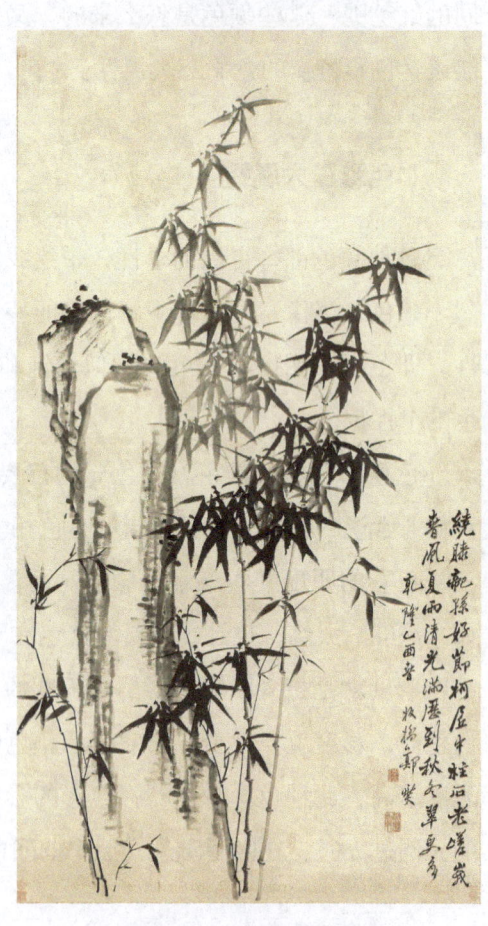

图 6-45 单色的使用

这样不容易犯错，色彩过于丰富的画面看起来杂乱、无重点。一般来说三种颜色既不会让图像太单调，也不会杂乱。可参考日常生活中的自然色彩搭配，在生活中多留心观察那些让你觉得舒服的颜色搭配。

图 6-46 "少而精"的配色

3. 多色首选——邻近色

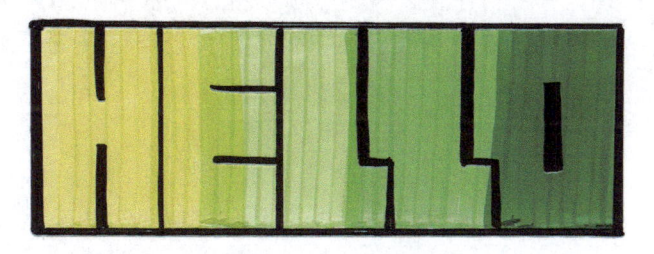

图 6-47 邻近色

邻近色就是在色环上相邻的颜色。邻近色虽然属于同一色系，但存在着细微的差异，所以整个画面能够体现出微妙的变化，使得画面更加和谐。

4. 对比色及等距三色

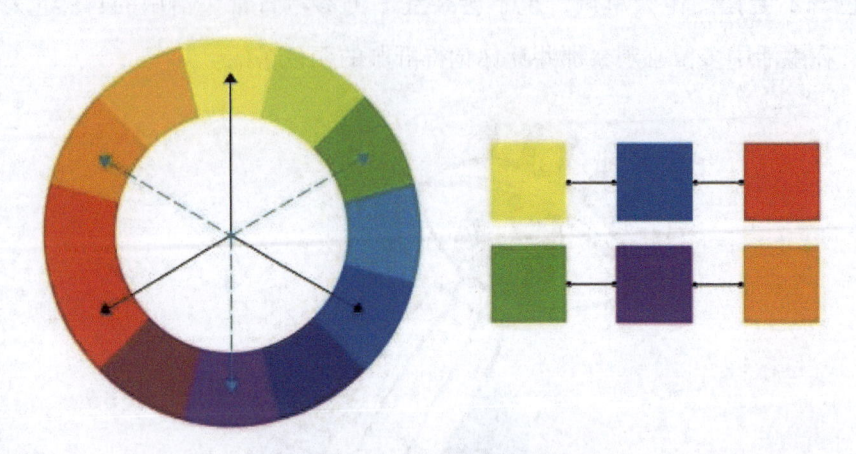

图6-48　对比色及等距三色

对比色是色环上相邻180度的颜色。对比色能够使画面充满视觉冲击效果，可用于表达画面中两个内容的比较，但同时也很容易造成文字的可读性下降，此时可适当减淡对比色。对比色最好不要等面积使用。

等距三色是指能够使色环平分为三块的颜色。其中最特殊的就是三原色"红黄蓝"组合。此种方法是介于单色和对比色之间的一种配色方法。它使得画面既具有统一性，又充满了对比，而且使画面更加活泼、丰富。

第五节
常用视觉元素及模板

一、常用的视觉元素

视觉元素的积累是循序渐进的，为了能够尽早地将视觉催化工具用起来，总结了学习活动中常用的一些关键词，并绘制了图像供大家在进行视觉化学习活动中使用。

1. 箭头（见图6-49、图6-50）

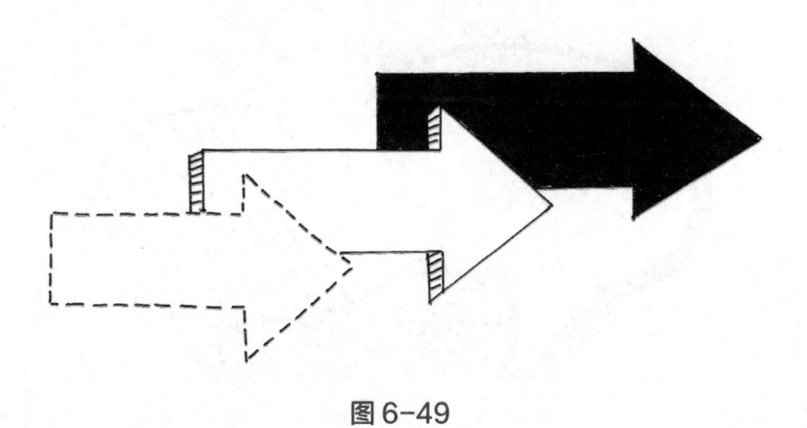

图6-49

图 6-50

> 关键词：步骤／提升／降低／目的／得出结论／引导关注重点

2. 对话框（见图 6-51、图 6-52）

图 6-51

图 6-52

关键词：对话内容 / 内心 vs 话外音 / 知识点解析

3. 云朵（见图 6-53、图 6-54）

图 6-53

图 6-54

关键词：情怀 / 心态 / 多元化 / 想象

4. 爆炸框（见图 6-55、图 6-56）

图 6-55

图 6-56

关键词：重点 / 惊喜 / 价格 / 折扣

5. 纸飞机（见图 6-57、图 6-58）

图 6-57

图 6-58

关键词：梦想 / 期待 / 童年欢乐 / 自由

6.飘带（见图6-59、图6-60）

图6-59

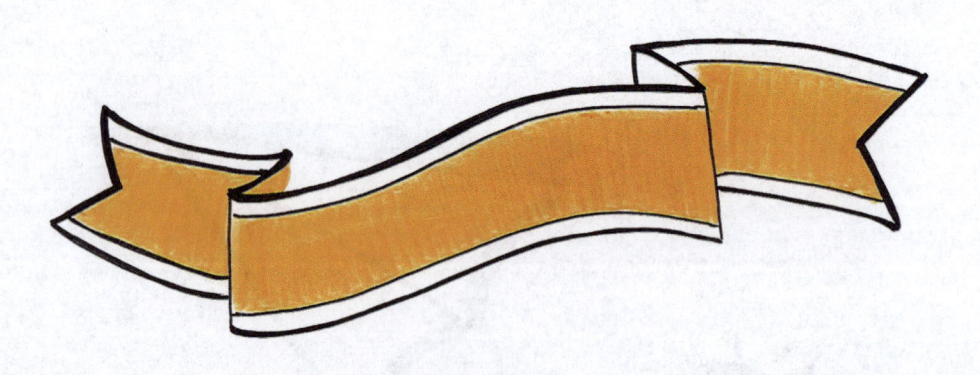

图6-60

关键词：荣誉/重点/标题/关键词

7. 变形飘带（见图6-61、图6-62）

图6-61

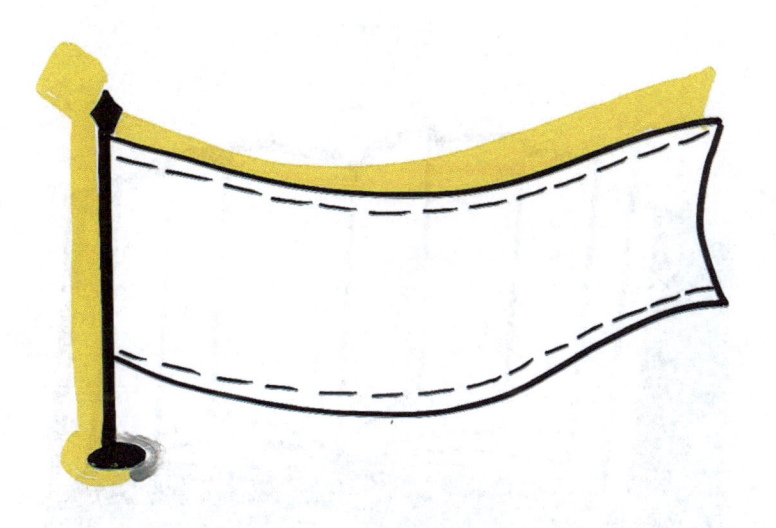

图6-62

关键词：目标 / 终点 / 胜利 / 方向 / 信仰 / 力量

8. 翻开的书（见图 6-63、图 6-64）

图 6-63

图 6-64

关键词：知识 / 学习 / 文字 / 资料 / 阅读 / 制度

9. 笔（见图 6-65、图 6-66）

图 6-65

图 6-66

关键词：绘画 / 书写 / 记录 / 创作 / 改进

10. 放大镜（见图 6-67、图 6-68）

图 6-67

图 6-68

关键词：聚焦 / 观察 / 审视 / 纠错 / 挖掘问题 / 认清当下 / 思考分析

11. 磁铁（见图 6-69、图 6-70）

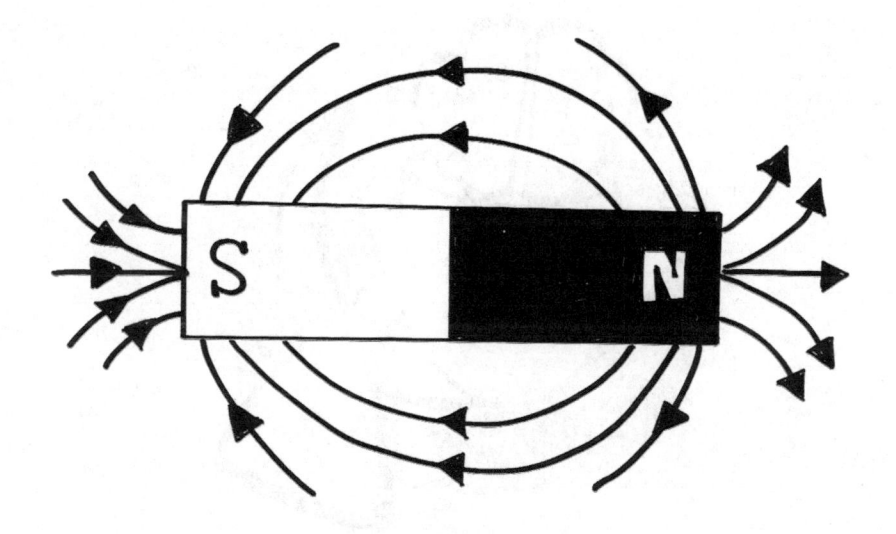

图 6-69

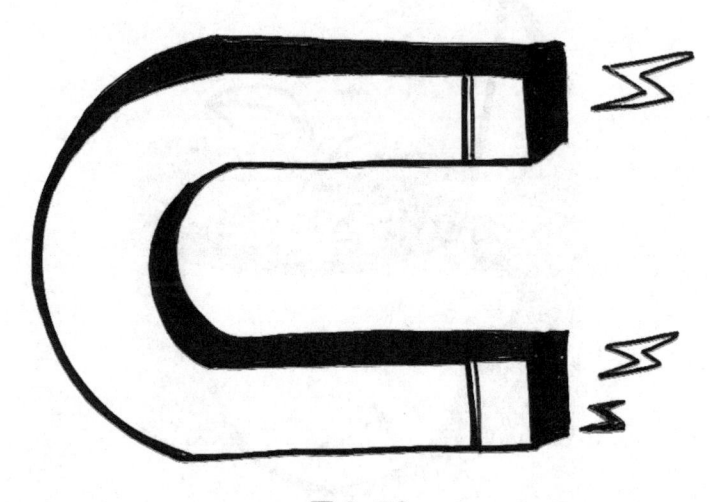

图 6-70

关键词：吸引 / 排斥 / 磁场 / 磁性 / 激发 / 感染

12. 头脑打开（见图6-71、图6-72）

图6-71

图6-72

关键词：全脑联动 / 理性思考 / 双赢思维 / 创新思维 / 理解记忆 / 想法创意

13. 灯泡（见图 6-73、图 6-74）

图 6-73

图 6-74

关键词：新想法 / 新点子 / 灵感 / 创意 / 智慧 / 通电 / 发光发热

14. 气球（见图 6-75、图 6-76）

图 6-75

图 6-76

关键词：童真 / 梦想 / 和平 / 调动 / 开创

15. 拼图（见图 6-77、图 6-78）

图 6-77

图 6-78

关键词：模块化 / 多元化 / 团队共创 / 搭建平台 / 类别划分 / 组合

16. 问号（见图 6-79、图 6-80）

图 6-79

图 6-80

关键词：疑问 / 思考 / 追本溯源 / 咨询 / 学问

17. 手指指向（见图 6-81、图 6-82）

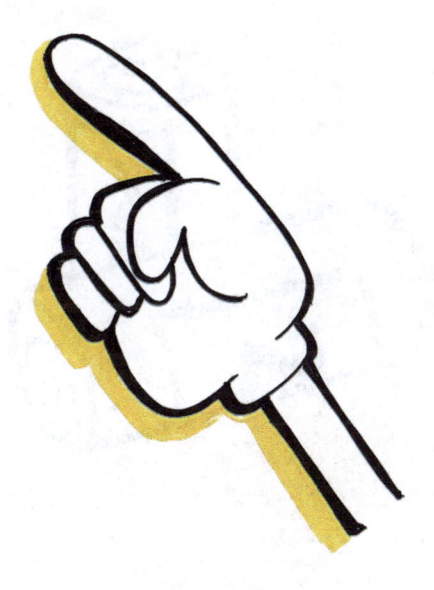

图 6-81

图 6-82

关键词：引导 / 方向 / 重点

18. 电池（见图 6-83、图 6-84）

图 6-83

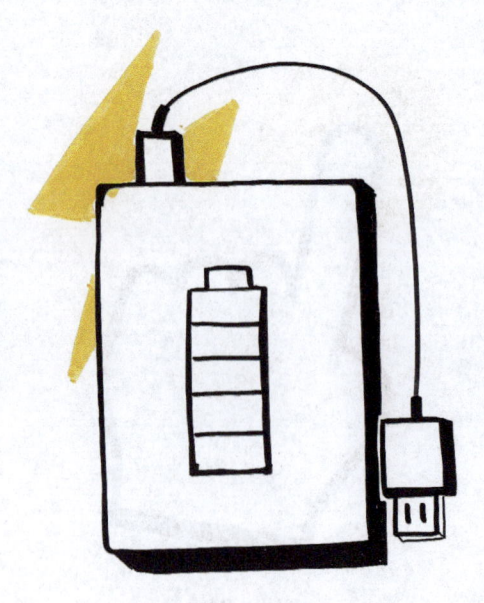

图 6-84

关键词：能量 / 力量 / 供能 / 动力 / 潜力

19. 船（见图6-85、图6-86）

图6-85

图6-86

关键词：启航 / 探索 / 战略目标 / 企业文化 / 团队协作 / 梦想

20. 卷轴（见图 6-87、图 6-88）

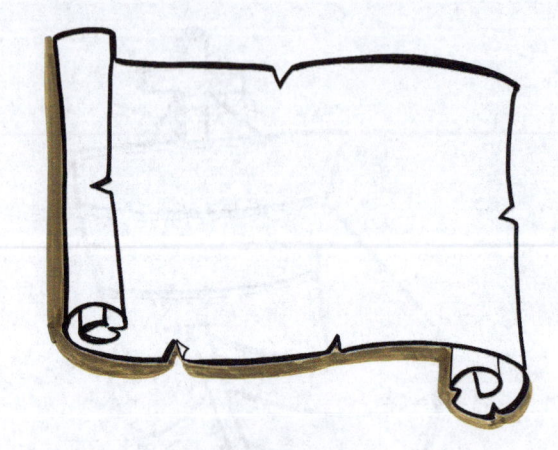

图 6-87

图 6-88

关键词：画面 / 诠释 / 引用 / 说明

21. 展开的胶片（见图 6-89、图 6-90）

图 6-89

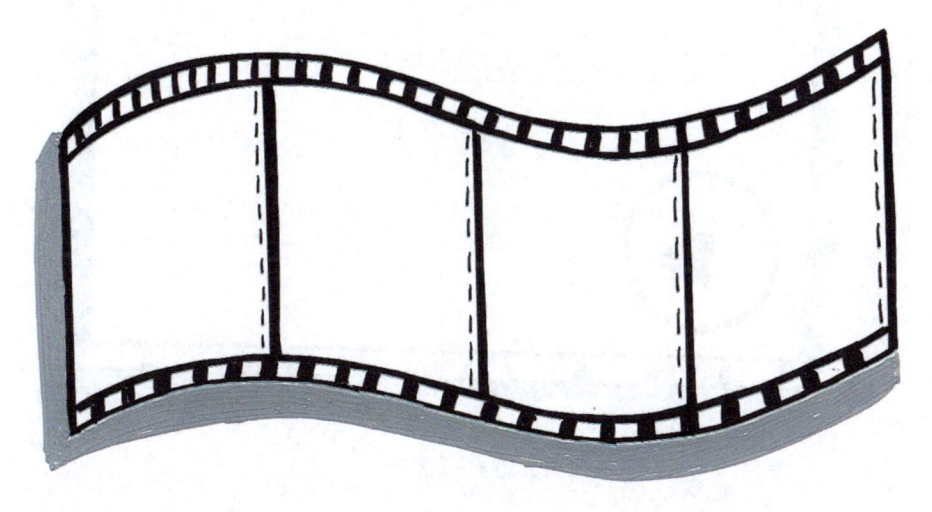

图 6-90

关键词：回忆 / 画面 / 情节 / 场景 / 观察

22. 放映机（见图 6-91、图 6-92）

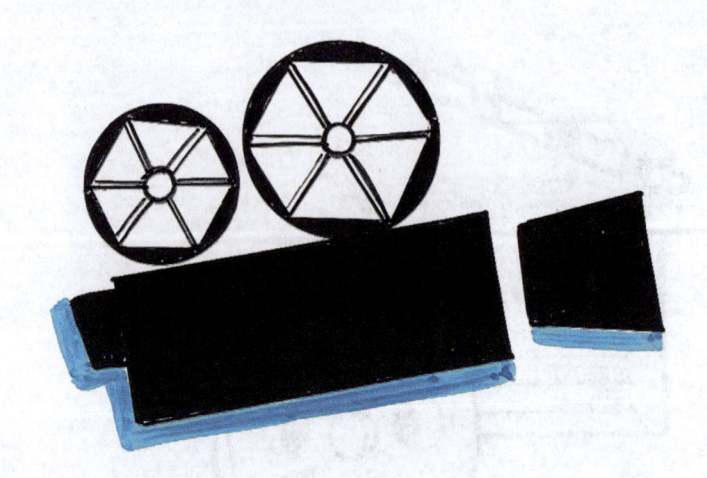

图 6-91

图 6-92

关键词：放映 / 故事 / 剧情 / 情节 / 场景 / 回忆 / 历史 / 展望

23. 翅膀（见图 6-93、图 6-94）

图 6-93

图 6-94

关键词：独立 / 追梦 / 自由 / 放飞 / 天使

24. 时钟（见图 6-95、图 6-96）

图 6-95

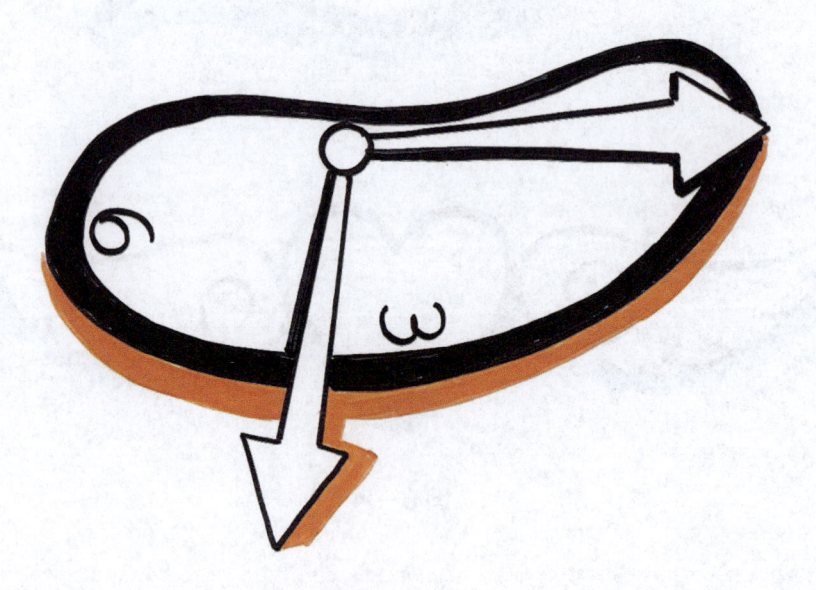

图 6-96

关键词：时间管理 / 阶段 / 安排时间 / 行动 / 付诸实践

25. 沙漏（图 6-97、图 6-98）

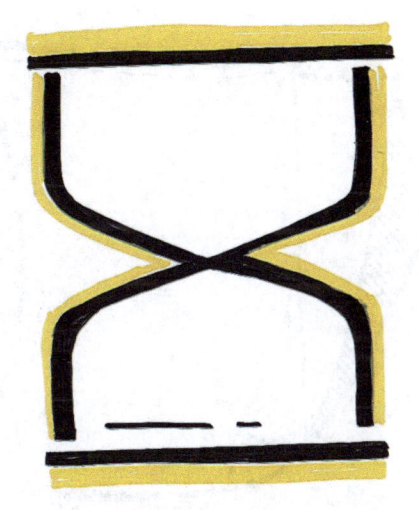

图 6-97

图 6-98

关键词：计时 / 回忆 / 珍惜 / 流逝 / 开始

26. 一页纸（见图 6-99、图 6-100）

图 6-99

图 6-100

关键词：计划 / 设计稿 / 清单 / 应用场景

27. 指南针（见图 6-101、图 6-102）

图 6-101

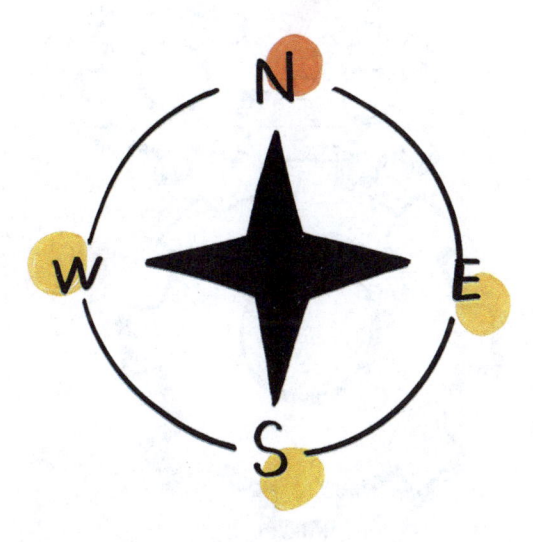

图 6-102

关键词：探寻 / 场域 / 指引方向 / 坚定不迷茫，认准不放弃 / 寻求人生不变的航向

28. 齿轮传动（见图6-103、图6-104）

图6-103

图6-104

关键词：组织 / 配合 / 传递 / 配合 / 分工明确 / 流程优化

29. 靶子和箭（见图 6-105、图 6-106）

图 6-105

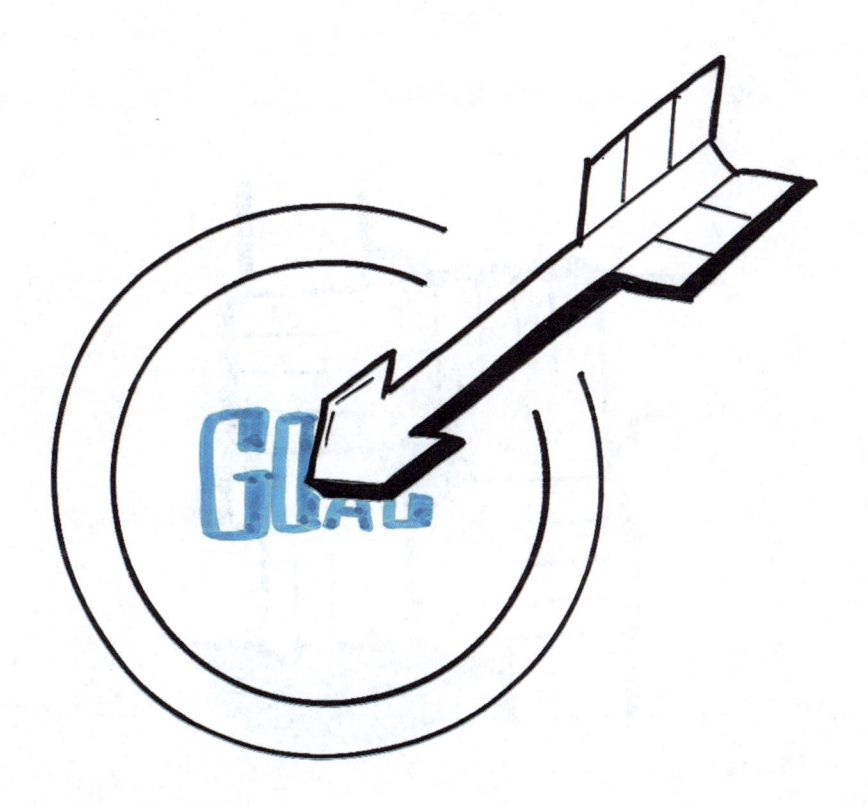

图 6-106

关键词：目标 / 方向 / 原则 / 问题根源 / 行动 / 结果

30. 握手（见图 6-107、图 6-108）

图 6-107

图 6-108

关键词：成交 / 和解 / 达成协议 / 交付 / 态度 / 价值观 / 合作

31. 鼓掌（见图 6-109、图 6-110）

图 6-109

图 6-110

关键词：夸赞 / 认同 / 促进 / 鼓励

32. 奖杯（见图 6-111、图 6-112）

图 6-111

图 6-112

关键词：成功 / 完成 / 第一名 / 赢得 / 结果

33. 拳头（见图 6-113、图 6-114）

图 6-113

图 6-114

关键词：打破（观念、坏习惯等）/ 加油 / 努力奋斗 / 有竞争力 / 行业龙头

34. 定位标志（见图 6-115、图 6-116）

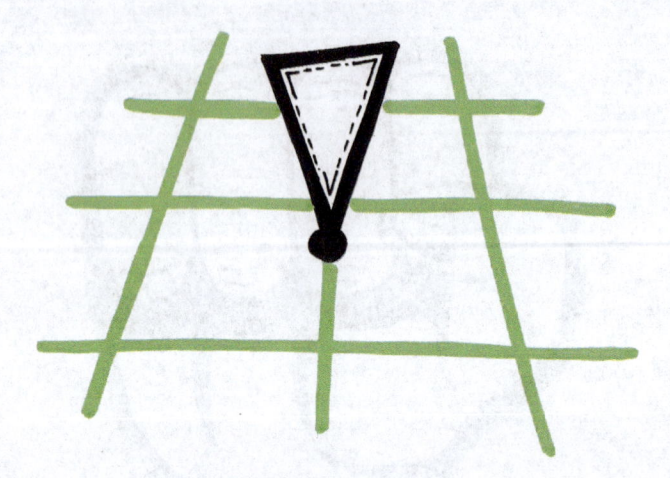

图 6-115

图 6-116

关键词：标记 / 突出重点 / 强调 / 放大作用

35. 台阶（见图 6-117、图 6-118）

图 6-117

图 6-118

关键词：递进 / 进阶 / 组织发展 / 持续精进 / 差异化 / 建立机制

36. 地球（见图 6-119、图 6-120）

图 6-119

图 6-120

关键词：不同时代 / 大环境 / 全人类 / 共性 / 命运共同体 / 普及

37. 钻石（见图 6-121、图 6-122）

图 6-121

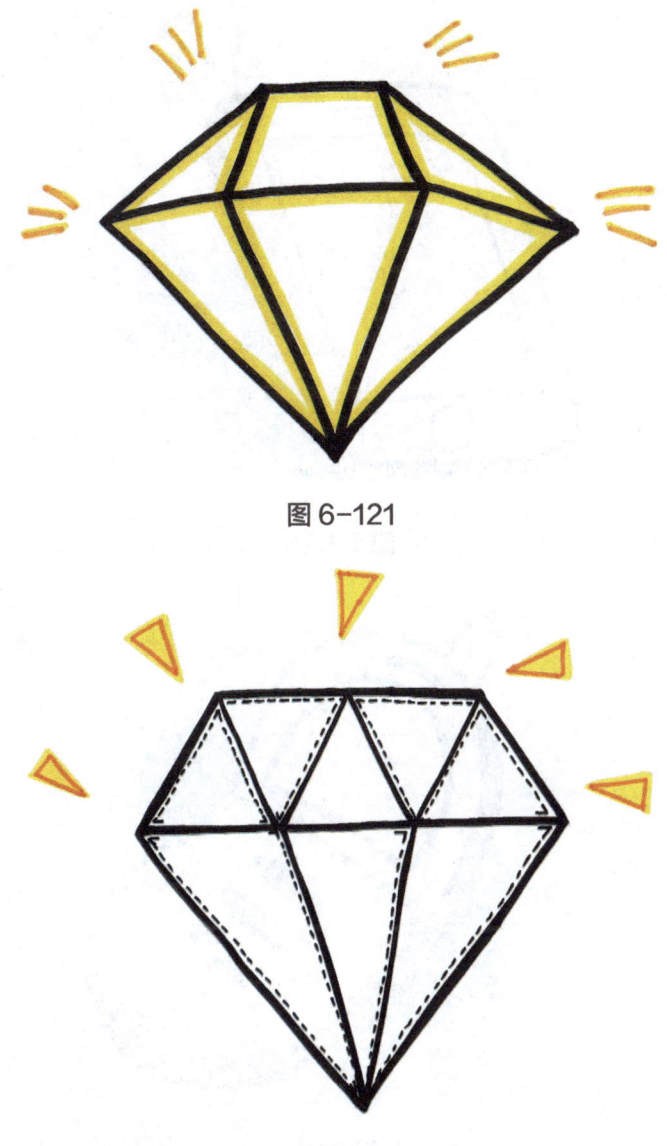

图 6-122

关键词：坚硬 / 财富 / 稀缺性 / 特点 / 利益 / 永恒 / 价值 / 成果

38. 手机（见图 6-123、图 6-124）

图 6-123

图 6-124

关键词：流量 / 触达 / 链接 / 沟通 / 信息 / 传播

39. 耳朵（见图 6-125、图 6-126）

图 6-125

图 6-126

关键词：倾听 / 捕捉 / 倾向 / 信息化 / 虚心求教 / 情商

40. 麦克风（见图 6-127、图 6-128）

图 6-127

图 6-128

关键词：演讲 / 发言 / 话语权 / 焦点 / 媒体 / 传播

41. 盾牌（见图 6-129、图 6-130）

图 6-129

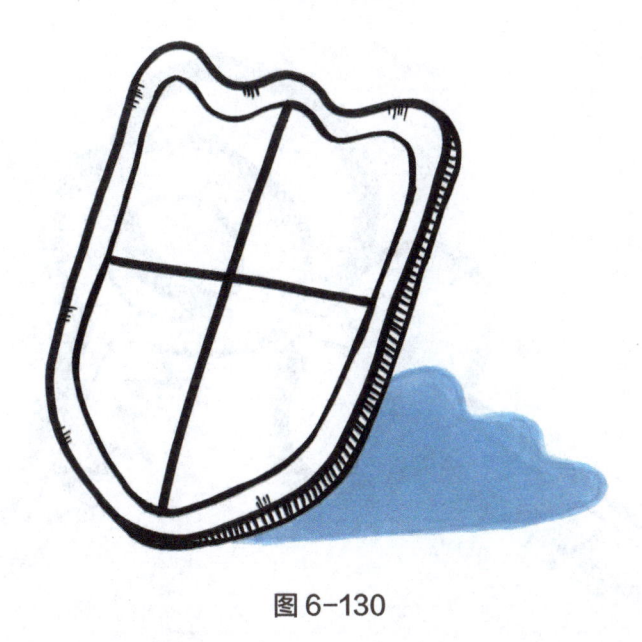

图 6-130

关键词：抵御 / 防护 / 冲突矛盾 / 过硬的技能 / 核心价值观 / 社会地位

42. 钥匙（见图 6-131、图 6-132）

图 6-131

图 6-132

关键词：有效方法 / 窍门 / 解决方案 / 创业 / 开启 / 重点

43. 锁头（见图 6-133、图 6-134）

图 6-133

图 6-134

关键词：封闭 / 问题 / 困难 / 障碍 / 壁垒 / 心结

44. 灯塔（见图 6-135、图 6-136）

图 6-135

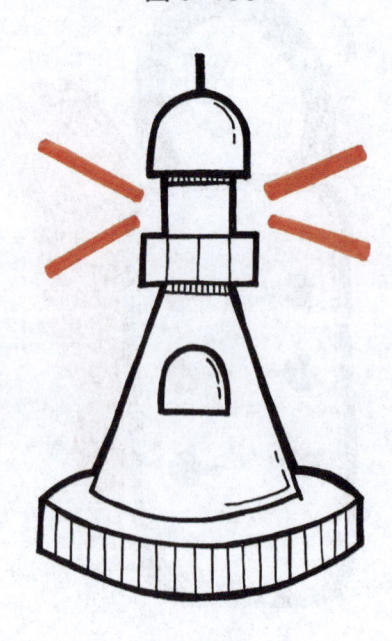

图 6-136

关键词：目标 / 引导 / 指引 / 希望 / 业务骨干 / 榜样

45. 魔方（见图 6-137、图 6-138）

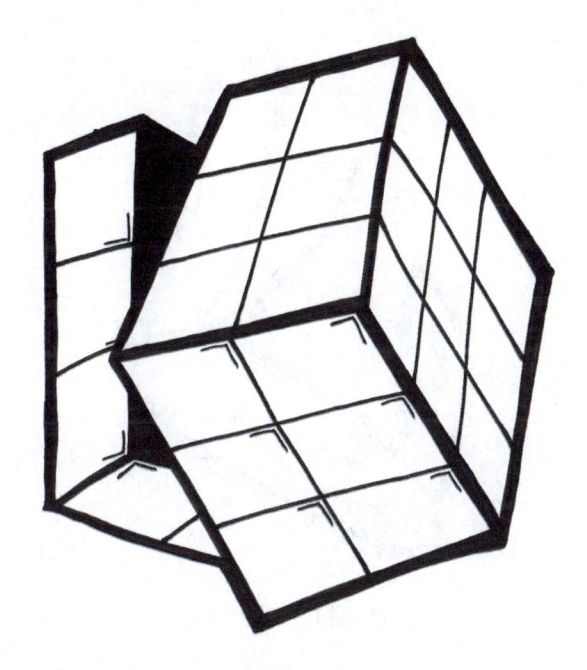

图 6-137

图 6-138

关键词：变化 / 模型 / 转换 / 反应能力 / 游戏 / 记忆力

46. 瑞士军刀（见图 6-139、图 6-140）

图 6-139

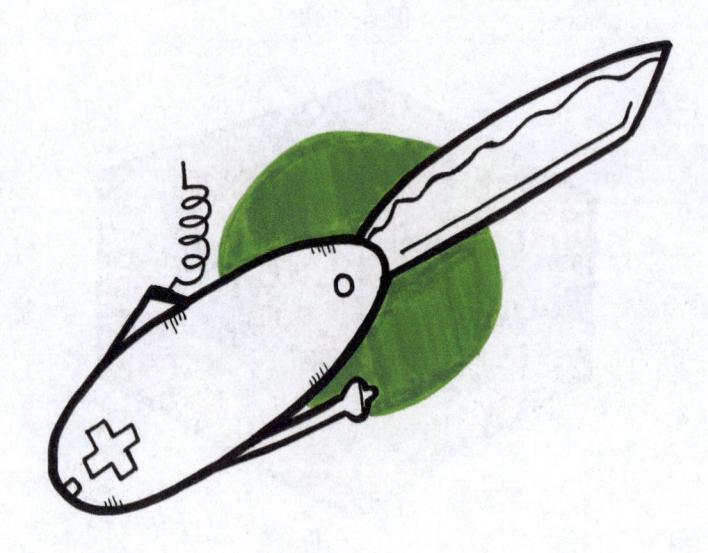

图 6-140

关键词：技能 / 工具 / 多功能 / 整合 / 生存能力 / 有备无患

47. 炸弹（见图 6-141、图 6-142）

图 6-141

图 6-142

关键词：危险 / 导火索 / 袭击 / 破坏 / 引发 / 引爆

48. 宝箱（见图 6-143、图 6-144）

图 6-143

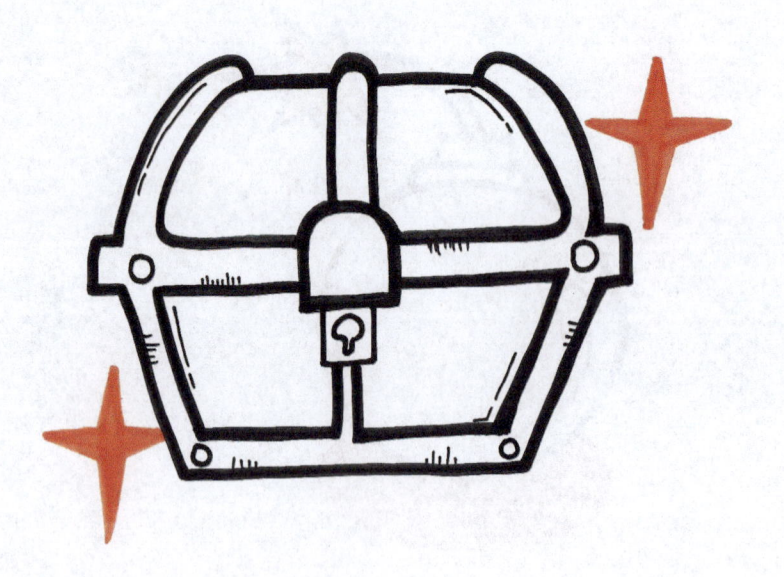

图 6-144

关键词：财富 / 神秘 / 成果产出 / 变现 / 绩效 / 收获

49. 路标（见图 6-145、图 6-146）

图 6-145

图 6-146

关键词：方向 / 目标 / 选择 / 思考 / 指引

50. 公文包（见图 6-147、图 6-148）

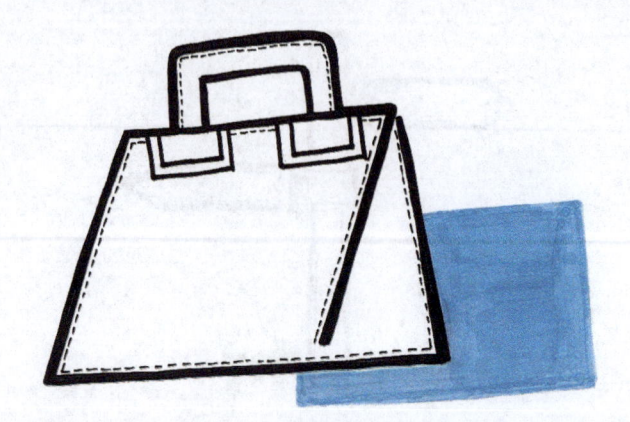

图 6-147

图 6-148

关键词：工作 / 办公 / 程序 / 职业化 / 洽谈 / 协议

51. 船锚（见图 6-149、图 6-150）

图 6-149

图 6-150

关键词：停船 / 停泊 / 安全 / 保障 / 稳定 / 安稳

52. 糖果（见图 6-151、图 6-152）

图 6-151

图 6-152

关键词：甜蜜 / 幸福 / 诱惑 / 伪装 / 童年 / 趣味

53. 奖章（见图 6-153、图 6-154）

图 6-153

图 6-154

关键词：荣誉 / 成就 / 成果 / 奖励 / 嘉许

54. 扳手（见图 6-155、图 6-156）

图 6-155

图 6-156

关键词：工具 / 应用 / 道具 / 方法 / 技巧

55. 鲨鱼（见图 6-157、图 6-158）

图 6-157

图 6-158

关键词：危险 / 风险 / 危机 / 可怕因素

56. 路障（见图 6-159、图 6-160）

图 6-159

图 6-160

关键词：阻碍 / 困难 / 阻挡 / 关闭

57. 仙人掌（见图 6-161、图 6-162）

图 6-161

图 6-162

关键词：逆境 / 困境 / 坚强 / 韧性

58. 梯子（见图 6-163、图 6-164）

图 6-163

图 6-164

关键词：向上 / 攀登 / 连接 / 方法 / 途径

59. 皇冠（见图 6-165、图 6-166）

图 6-165

图 6-166

关键词：权利 / 成就 / 阶级 / 财富 / 权威

60. 蜡烛皇冠（见图 6-167、图 6-168）

图 6-167

图 6-168

关键词：奉献 / 温暖 / 祝福 / 怀念 / 祈祷 / 爱

61. 魔术帽（见图 6-169、图 6-170）

图 6-169

图 6-170

关键词：神秘 / 未知 / 可能性 / 惊喜 / 神奇

二、常用视觉模板

视觉模板主要用来展示知识点的内部逻辑关系，可以在绘制某个内容较多的知识点时轻松套用，也可在绘制视觉全景图时表现不同内容间的逻辑关系时使用，下面提供了一些学习活动中常用的视觉模板。

1. 并列关系（见图 6-171 至图 6-174）

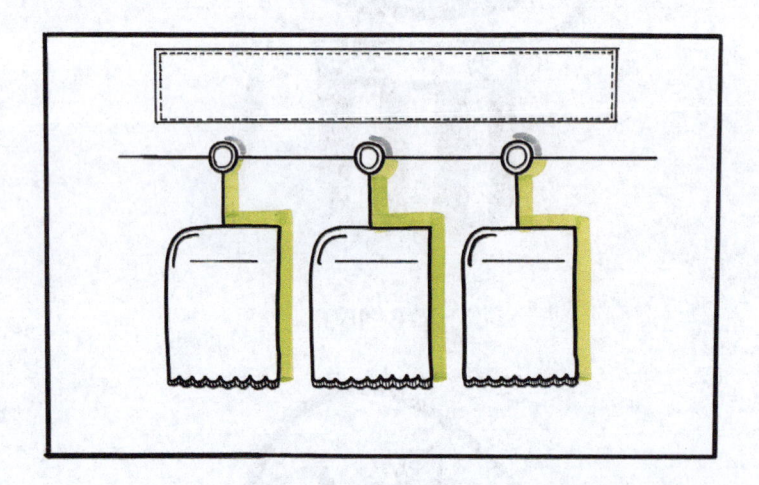

图 6-171

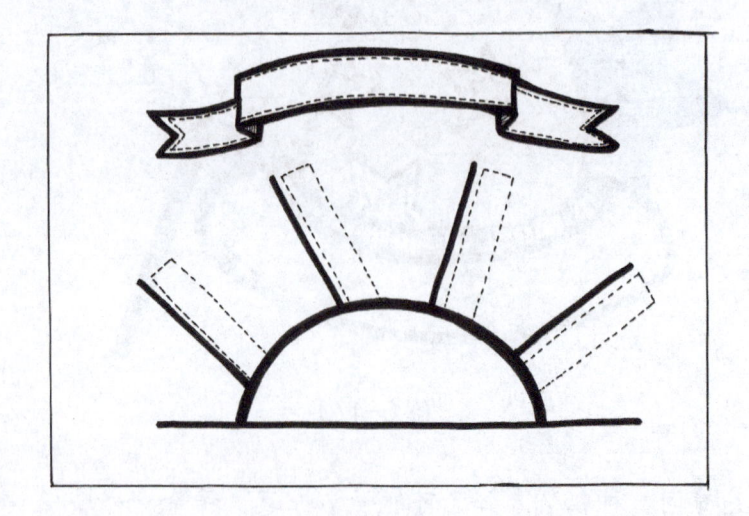

图 6-172

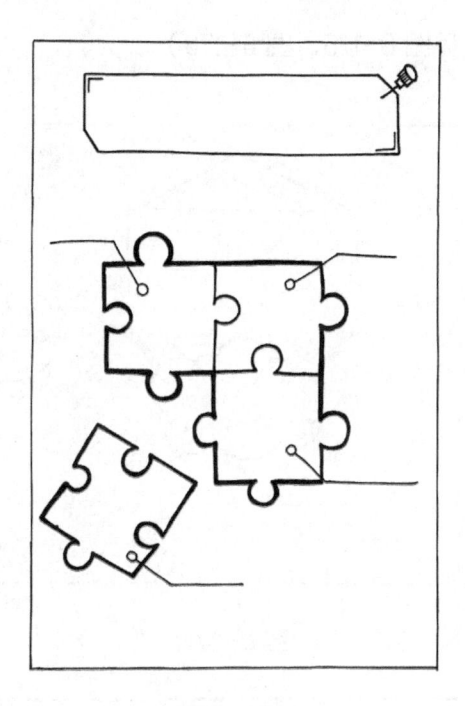

图 6-173

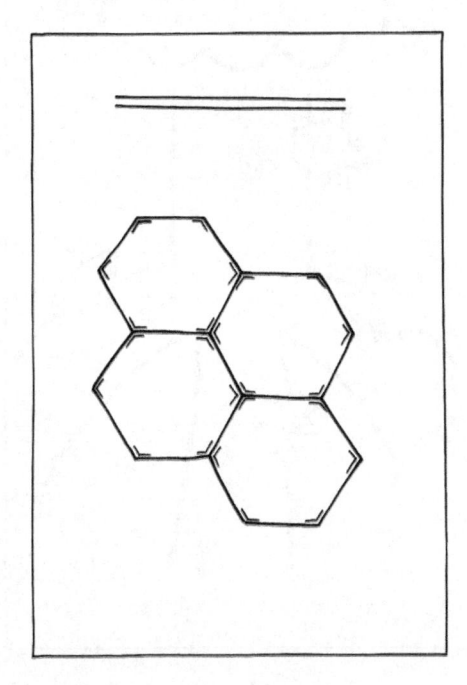

图 6-174

2. 总分关系（见图 6-175、图 6-176）

图 6-175

图 6-176

3. 分总关系（见图6-177）

图 6-177

4. 对比分析（见图6-178）

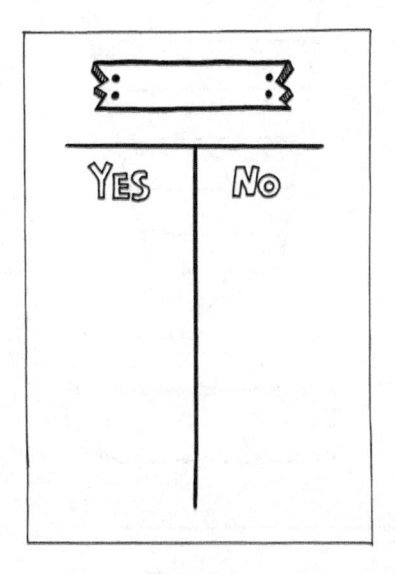

图 6-178

5. 二维分析矩阵（见图 6-179）

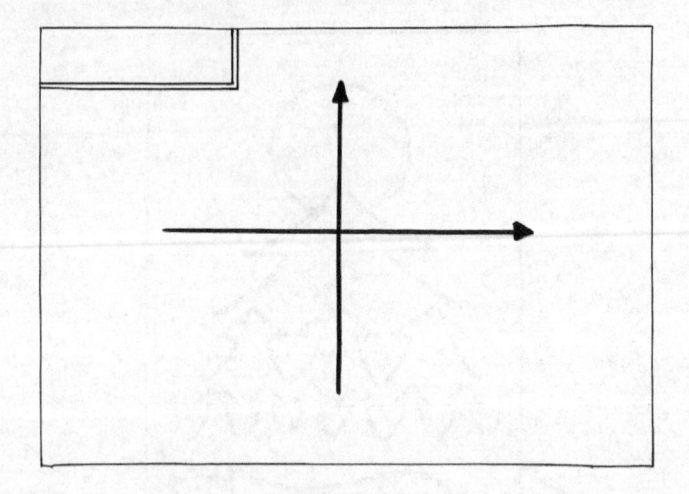

图 6-179

6. 递进关系（见图 6-180 至图 6-183）

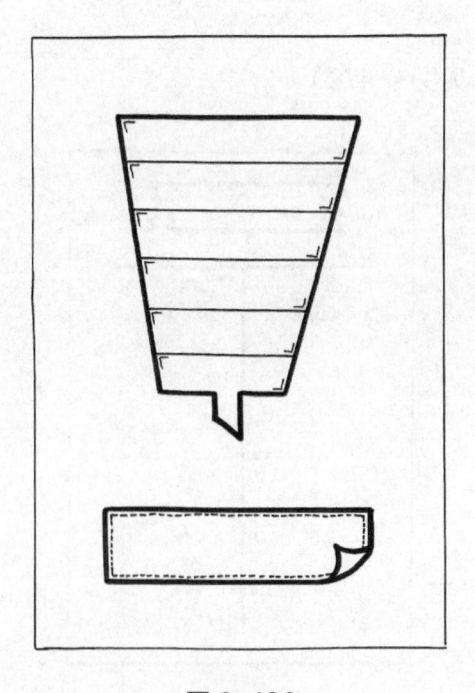

图 6-180

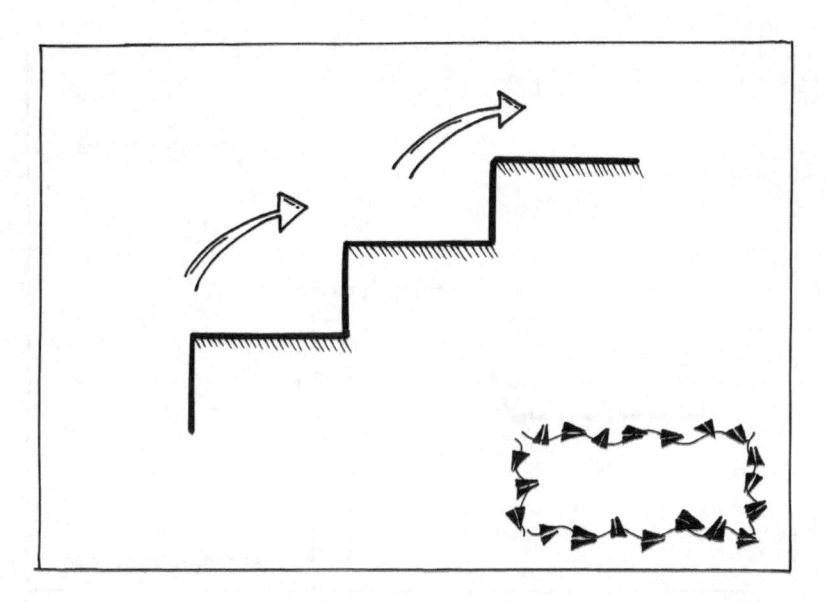

图 6-181

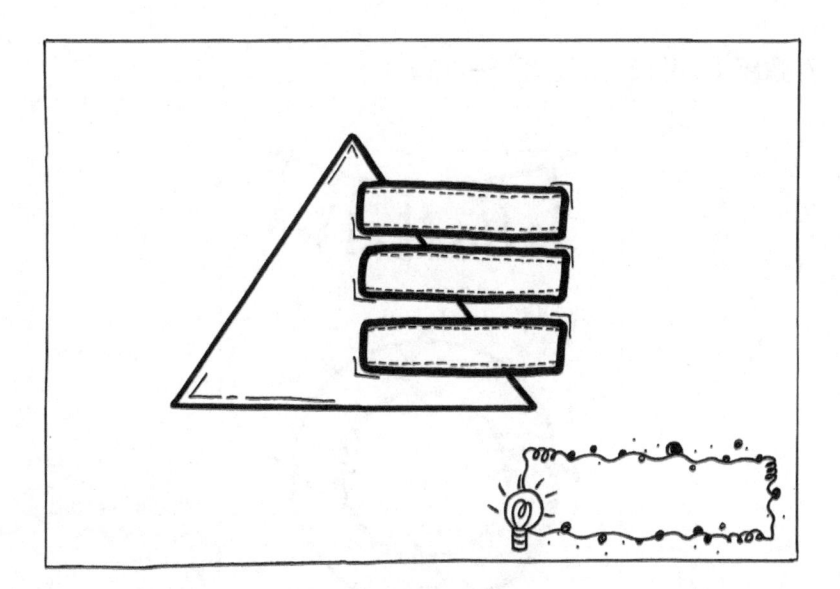

图 6-182

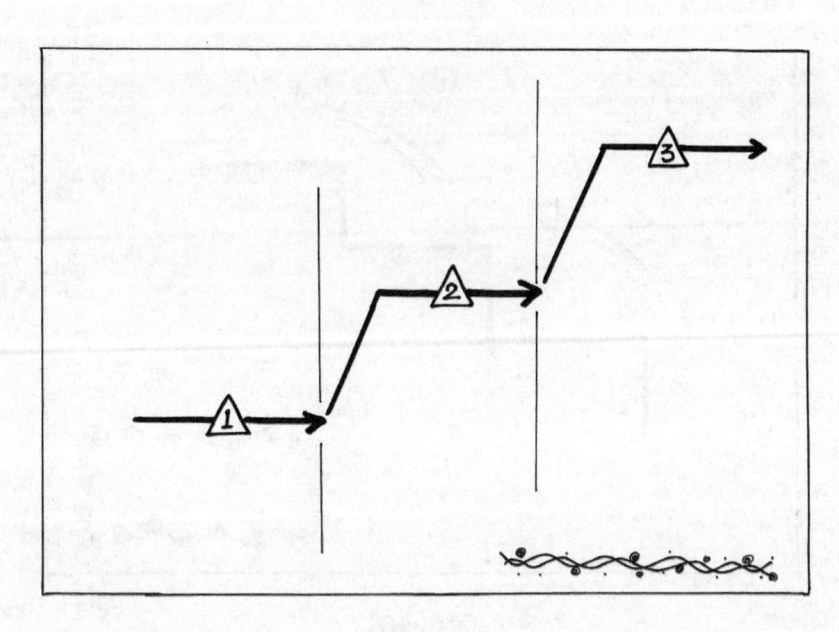

图 6-183

7. 循环（见图 6-184、图 6-185）

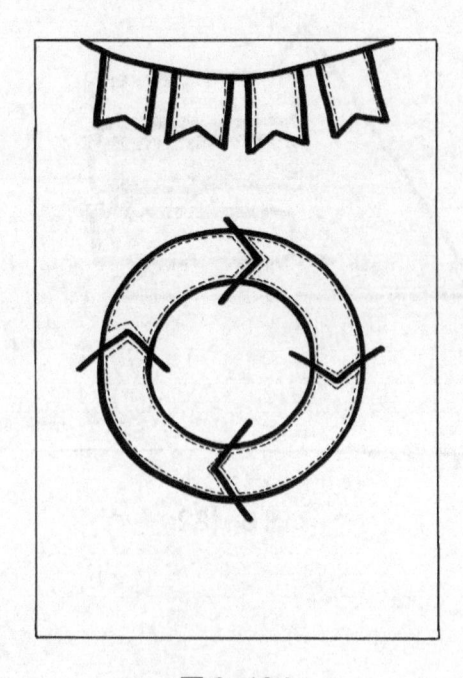

图 6-184

图 6-185

8. 差距分析（见图 6-186）

图 6-186

9. 目标路径（见图 6-187）

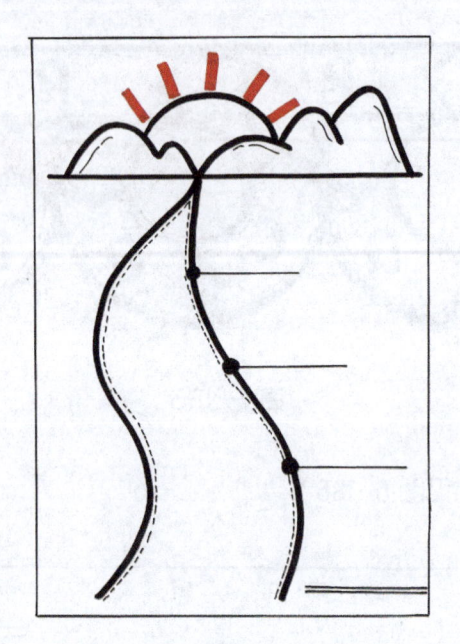

图 6-187

10. 流程（见图 6-188 至图 6-191）

图 6-188

图 6-189

图 6-190

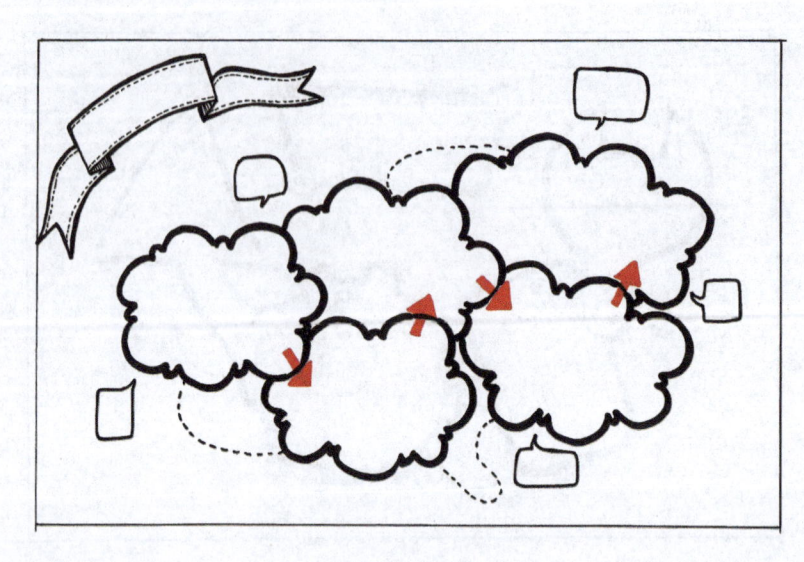

图 6-191

11. 原因分析图（见图 6-192 至图 6-196）

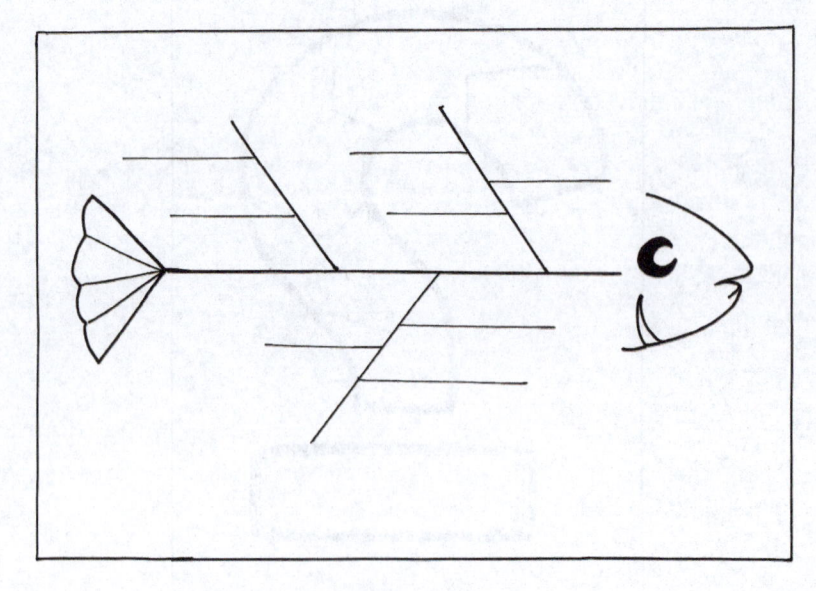

图 6-192

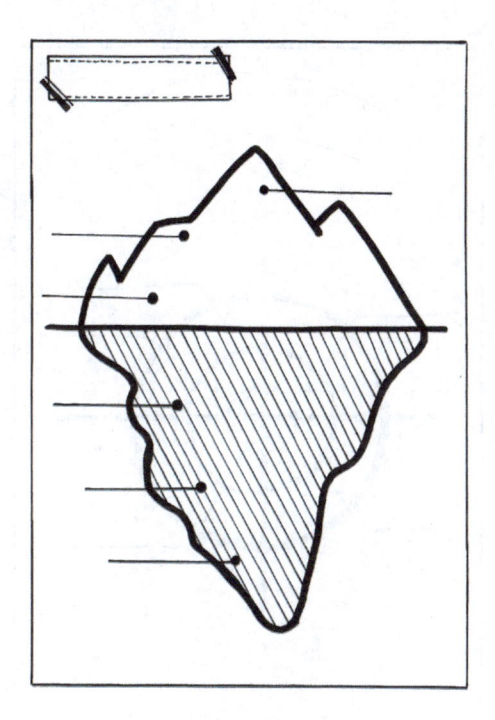

图 6-193

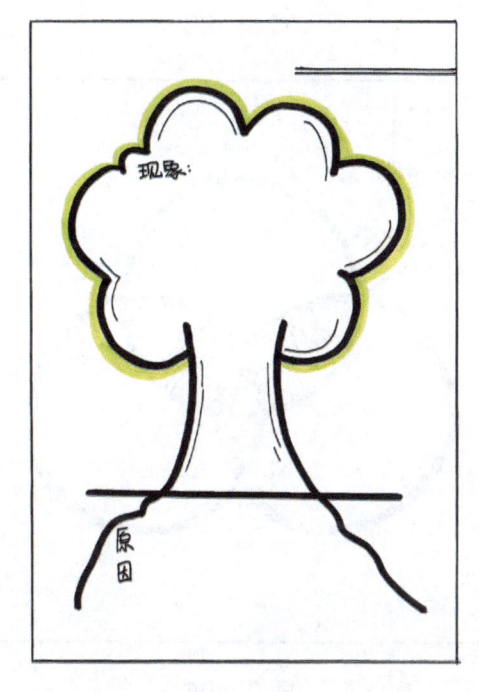

图 6-194

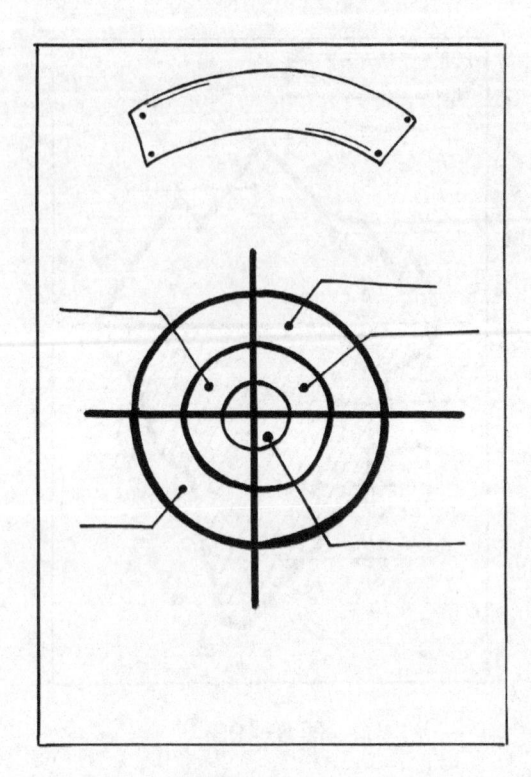

图 6-195

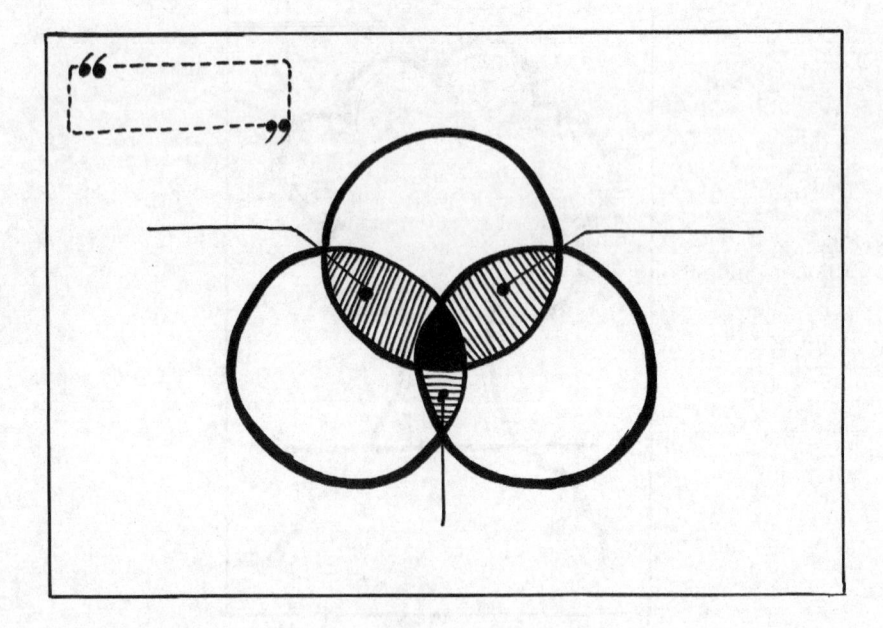

图 6-196

笔者有话说：关于视觉学习和应用的建议

1. 视觉催化灵活应用，切忌追求"大而美"。视觉催化作为一种学习辅助手段，激发学习热情，强化学习目标的效果显而易见。视觉催化可以应用在学习活动的各个环节，但是学习的内容、时长、学习者都不尽相同，如果应用得太过频繁势必会造成学习者的厌倦，并使学习效果大打折扣。盲目地追求视觉催化教具绘制的美观程度也会让使用者陷入焦虑。因为担心画得不够美观，而心情忐忑地开始学习内容的分享，学习效果同样会受到影响。可以先从一个小的知识点或学习环节入手，尝试应用。

2. 借力打力，巧用视觉模板。笔者也曾经是视觉小白，在接触视觉前从未拿起画笔，紧张、兴奋、担心画得不好的焦虑也都经历过。越是使用视觉催化工具就越深刻地领悟到视觉催化只是一种学习辅助工具，它最大的价值在于对知识分享活动的促进。也许冷军的超现实主义作品会让你赞叹，但简笔画的图像就可以帮助我们达成促进学习的目标。视觉的最大优势在于可以突出整体感和持续地激发效果。这种整体感其实就是知识的内在逻辑。有了逻辑框架，学习自然事半功倍。本书中提供了大量视觉模板，正是希望大家能够快速学习视觉催化，将它应用到你们的知识分享活动中，别担心自己是手残党，先借助视觉模板用起来。

3. 时间的力量不可忽视。蜗牛虽慢，贵在坚持。视觉催化技术在学习活动中的灵活应用需要经验的积累。这不仅表现为画得越来越好，更是将视觉化的学习活动应用得越来越自如的过程。如果利用视觉催化技术做一个活动的开场破冰，根据学习者、学习时长、学习主题的不同，你可以设计出数十种不同的破冰活动。虽然都是一支笔一张纸，但是视觉催化活动却是千变万化的。以学习时长不同为例。如果学习活动只有一小时，可以请学习者绘制本次的学习目的和期待的学习收获，也可以请左侧的学习者绘制他右侧学习者的画像；如果学习活动是三小时，可以请学习者绘制关于自我介绍和关于此次学习主题的内容，并请学员之间互相交流；如果学习活动是一天，那么绘制的内容会更加丰富，归根到底还是要结合学习的主题和需要来进行设定。相信大家随着应用频次的增加，会将视觉催化技术从刻意变成自然而然地使用，助力知识分享活动。

4. 将视觉作为一种爱好，应用在生活的各个方面。都说人生最大的幸福是将爱好变成工作。如果你想要更快地学会视觉催化技术，那就请你把它变成你的爱好吧，笔者也是这样开始的。如果只是每天做枯燥的练习，坚持下来的确不容易，但如果得到更多的鼓励和赞许，那必然更有动力。记得刚开始学习时，孩子刚刚上幼儿园，要学习生活上如何自理，他又不认字。笔者便绘制了每天早晨起床后的流程，贴在家里的房门上，帮助他学会自理。每天孩子看着图就知道自己要做什么，过了一段时间他就很清楚地知道自己起床后要做哪些事情，即便没有图的指引，他也能够完成。其实，这也是一种学习活动。如果孩子共同参与绘制过程，这又是一次不错的亲子活动。不要把视觉催化活动局限在一定的时空或场景里。多尝试、多使用，总会给你带来意想不到的惊喜。

> 这是笔者在开始学习视觉课程后一个月绘制的作品，完全谈不上美观度，但将它应用在生活中却带来了满满的成就感和满足感，也请你拿起手中的笔，将视觉工具融入自己的工作和生活中吧！

图 6-197　起床后时间表

第六节
视觉全景图绘制

视觉全景图是对视觉小白来说最有挑战性的视觉催化工具，它的制作相对复杂。为了更清晰地介绍视觉全景图的制作流程，本节将以李凤仪老师的《交互式课堂设计师之授课呈现》课程为例，介绍每个操作步骤的具体操作方法。

《交互式课堂设计师之授课呈现》课程大纲

1. 行为交互的三种语言

1.1 声音语言交互

（1）声音语言的使用标准

（2）教学声音的精度与锐度

（3）教学声音的场控技术

1.2 肢体语言交互

（1）手势：4种场景下的手部动作与标准

（2）姿态：站姿、躯势、移动

1.3 神情语言交互

（1）眼神——控场与交互

（2）表情——同频与自洽

2. 逻辑交互的三种应用

2.1 概念型内容讲授

教学方法：山地穿越教学法——佐证 + 诠释 + 例证

2.2 流程型内容讲授

教学方法：PVC 教学法——位置 + 价值 + 连接

2.3 工具型内容讲授

教学方法：六芒星教学法——困境 + 目标 + 方法 + 举例 + 升级 + 回顾

3. 问题交互的七种类型

3.1 激发型提问——互动全场

3.2 假设型提问——引发深思

3.3 ABC 型提问——知识细分

3.4 挑战型提问——认知升级

3.5 递进型提问——落实行动

3.6 欣赏型提问——有效激励

3.7 余音式提问——深度思考

一、明确学习内容的主逻辑框架

学习活动前，知识分享者都会将学习内容组织起来，并分成几个相对独立的模块以便对学习时间进行安排。开发视觉全景图第一步要做的就是判断每个相对独立的学习内容模块之间的逻辑关系。

《交互式课堂设计师之授课呈现》课程主要分为行为交互的三种语言、逻辑交互的三种应用、问题交互的七种类型三个相对独立的模块，三个模块的内部各知识点为并列关系。

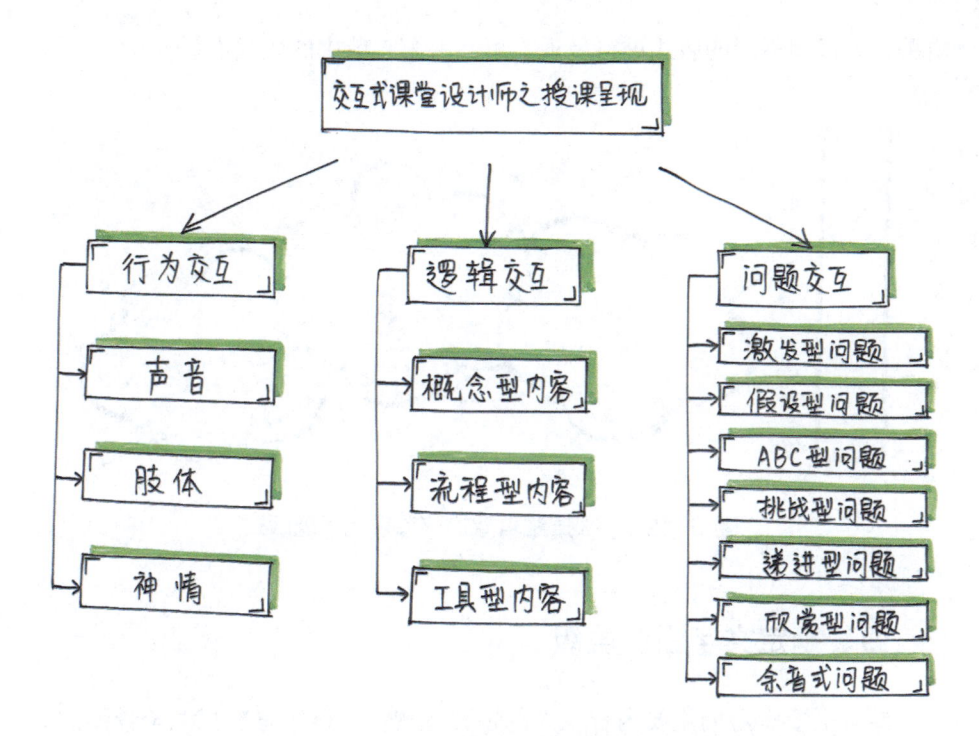

图 6-198　交互式课堂设计师课程主逻辑框架

二、整理每个学习内容模块的核心内容

对每个学习内容模块内的关键内容或关键词进行收集整理及提取。视觉全景图是对当次学习活动核心内容进行的视觉化展示，以突出重点内容为主，不可能面面俱到，全都是重点就等于没有重点。因此，对知识点要进行取舍，选取那些重要的、需要贯彻执行的内容展现在视觉全景图中。

例如，问题交互包含激发型问题、假设型问题、ABC 型问题、挑战型问题、递进型问题、欣赏型问题、余音式问题七种类型模块。

三、选择适合的版式

选择适合的版式，就是根据逻辑架构选择适合视觉呈现的版式。不同逻辑关系可以用不同的版式进行呈现。可参考第五节中的版式模板。

图 6-199　根据逻辑架构选择视觉呈现版式

四、确定文字图像层级

结合需要学习的主要内容及人的视知觉规律，确定本次视觉全景图需要展示的内容层级，以便引导学习者在学习过程中浏览视觉全景图的顺序。文字和图像都是有层级的，这些层级就是用来展示学习内容的逻辑架构的，一般要分为三个以上的层级，以文字为例，标题字最大，其次是模块标题，第三层级是核心知识点。

图 6-200　文字层级

图 6-201　图像层级

五、设计关键知识点的视觉图像

借助视觉隐喻，将关键知识点用图像结合文字的形式呈现出来。隐喻图像设计时，可以多设计几个方案，结合学习者的认知水平，选择最佳方案。

图 6-202　关键知识点视觉图像

六、选定视觉全景图呈现风格

字体、颜色等是视觉化风格的体现。视觉化风格要结合学习内容、知识分享者的个人喜好、学习者特点等进行选择,没有优劣之分,一般建议以简约为主,以免图像过于复杂,在视觉全景图绘制中消耗太多时间,也避免学习者受图像的吸引而忽视学习内容。

图 6-203　字体、颜色是视觉化风格的体现

七、绘制视觉全景图

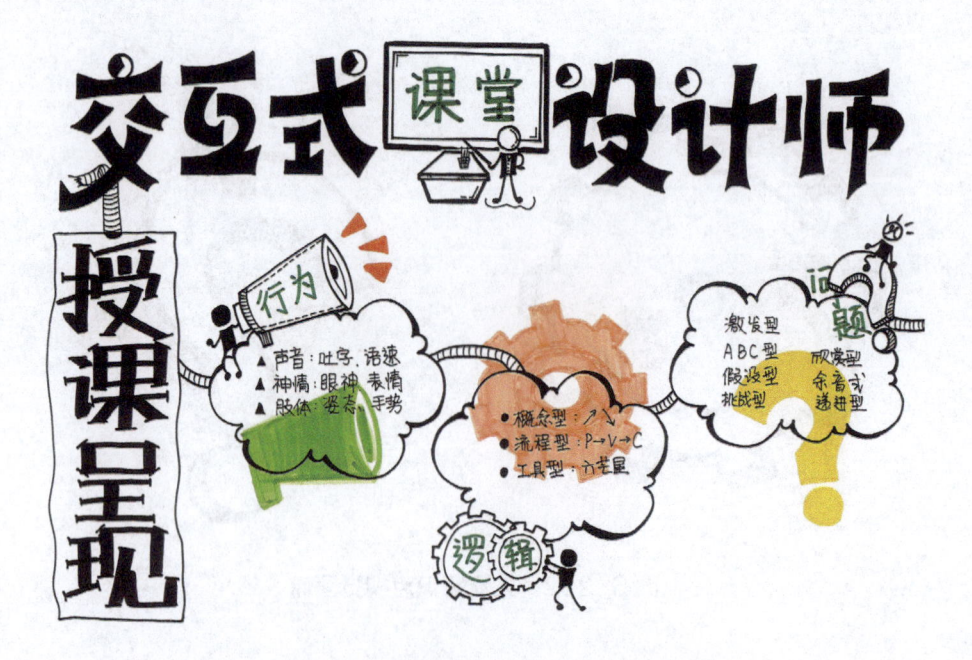

图 6-204　交互式课堂设计师部分内容全景图

写写画画

请结合本书的内容，完成关于本书的视觉全景图。